[美] 华莱士·沃特尔斯

[美] 查尔斯·哈尼尔 ◎ 著

[美] 乔治·克拉森

周洲 ◎ 译

人人要懂的

金钱心理学

广东旅游出版社

GUANGDONG TRAVEL & TOURISM PRESS

悦读书·悦旅行·悦享人生

中国·广州

图书在版编目（CIP）数据

人人要懂的金钱心理学 /（美）华莱士·沃特尔斯，（美）查尔斯·哈尼尔，（美）乔治·克拉森著；周洲译. 广州：广东旅游出版社，2024. 11. -- ISBN 978-7-5570-3422-1

Ⅰ. C912.69

中国国家版本馆CIP数据核字第2024SD0622号

出　版　人：刘志松
责任编辑：张晶晶　夏于棋
责任校对：李瑞苑
责任技编：冼志良

人人要懂的金钱心理学

RENREN YAODONGDE JINQIAN XINLIXUE

广东旅游出版社出版发行

（广州市荔湾区沙面北街71号首层、二层　邮编：510130）

电话：020-87347732（总编室）

020-87348887（销售热线）

投稿邮箱：2026542779@qq.com

印刷：水印书香（唐山）印刷有限公司

（河北省唐山市芦台经济开发区农业总公司三社区）

670毫米×950毫米　16开　14印张　182千字

2024年11月第1版　2024年11月第1次印刷

定价：52.00元

前言
PREFACE

当翻开本书的这一刻，或许你的内心深处已经燃起一团火焰，那是对财富无尽的渴望和追求。在生活的长河中，人们时常被各种欲望和追求驱使，其中最强烈、最普遍的一种，便是对财富的渴望。

"墨香铜臭"，过去我们可能被道德世俗束缚，认为金钱是肮脏的，追求金钱是庸俗、低级的行为，这种观念在某种程度上阻碍了一些人对财富的追求。事实上，财富并非罪恶的根源，且在生活的每个角落，我们都能感受到财富的巨大影响力。特别是现代社会，财富已经成为衡量一个人成功与否的重要标志之一。拥有财富意味着可以拥有更好的生活品质、更广阔的发展空间、更丰富的精神生活。财富，似乎拥有一种魔力，能够使人们在生活的舞台上变得更加自信和从容。渴望成为有钱人，不是难以启齿的羞愧欲望，而是一种正常且值得鼓励的追求。

在很多人看来，获取财富是一件神秘且困难的事情，它使人难以捉摸且遥不可及。其实，财富积累好似一门学科，是有规律可循的。在深入探讨如何致富的过程中，不得不提的是金钱与心理之间的微妙联系。内心对金钱的渴望能激发出我们巨大的潜能，这种渴望不仅促使我们不断提升自己，还驱使我们向前，让我们敢于挑战、勇于创新。强烈的内驱力，往往是我们成功实现财富增长的关键。当然，想要成为有钱人，仅仅依靠对金钱的渴望是远远不够的。有钱人的思维方式同样是我们需要学习和借鉴的，他们往往具备更加成熟和理性的财富观念，能够很好地管理自己的财富。这种思维方式不仅能够帮助我们避免陷入财务困境，还能够让我们在财富增长的道路上更加稳健前行。

本书将揭示有钱人成功背后的心理奥秘，以帮助读者培养健康的金钱观念，并在日常生活中运用这些观念来指导我们的行为决策。通过阅读本书，读者可以更好地理解有钱人的成功之道，并借鉴他们的智慧和经验，为自己的致富之路提供有力的参考。

全书以致富心理进阶之路为主线，精心汇编了"致富的科学""硅谷禁书""巴比伦富翁的秘密"三大篇章，分别聚焦于财商点拨、思维训练、计划指导三个核心内容，层层递进，逐步引领读者摆脱"穷人脑"，拥有富人思维，从而迈向财富自由的境地。

在开篇的"致富的科学"中，设置了财商点拨十四问，帮助读者打破对财富的固有认知，建立起财富的底层逻辑，将自己打造成"富翁体质"，为积累财富奠定坚实的基础。在"硅谷禁书"一篇中，设置了思维训练十五课，旨在使读者摆脱"穷人脑"的束缚，培养有钱人的思维方式，从思想上与成功者接轨，为实现财富梦想做好充分的准备。在"巴比伦富翁的秘密"一篇中，提炼了计划指导十则，为读者提供了切实可行的搞钱方案，让读者能够在实际操作中达成财富积累的目标，实现财务自由。

这三大篇的内容紧密相连，形成一套系统而深入的财富获取心理指南。值得一提的是，本书在每一节中设置了独具特色的财富"开启"版块，以确保读者能够深刻地领会原著的精髓与含义。无论你是谁，无论你的背景如何，都可以让你的梦想照进现实，成为一个真正的有钱人。

在积累财富的路上，或许你会遇到困惑和挑战，但请相信，有了本书的启示和指引，你的问题将会迎刃而解。现在，就让我们携手踏上财富积累之旅吧！

目录
CONTENTS

致富的科学：财商点拨十四问，塑造"富翁体质"

硅谷禁书：思维训练十五课，脑袋决定钱袋

巴比伦富翁的秘密：计划指导十则，翻身致富在望

致富的科学：

财商点拨十四问，塑造『富翁体质』

第一问 你敢不敢成为有钱人

追求财富是每个人的权利

在人类社会的价值观体系中，贫穷与富有一直是争论的焦点。有人主张安于贫穷是一种高尚的品德，认为这种精神境界体现了一个人内心的宁静与淡泊。然而，无论我们如何赞扬贫穷，一个不可否认的事实是，财富是实现个人发展的基石。

物质条件是每个人精神、智力和身体发展的基础。从一定程度上来说，拥有财富便可以为自己创造更好的物质条件。因此，学会创造财富是促进个人发展的重要途径。从生命演化的角度看，发展是人的内在驱动力和本能，每个人都有追求发展和追求财富的权利。

那么，怎样才算是真正的致富或者富有呢？这里谈到的"富有"，并非局限于拥有有限财富时的"知足常乐"，我们理应追求更为丰硕的成果。我想一个人若拥有充足的生活资源，并能实现自我期望的生活方式，便可称之为富有的人。大自然让生命蓬勃发展，从未规定谁必须成为富翁，亦未规定谁应满足于仅获得部分财富。人若有能力，何不追求更大的物质满足和更丰富、更优雅、更美好的生活呢？

在追求美好生活的过程中，人们不仅需要满足基本的物质需求，还要满足精神层面的追求。有人渴望名利双收，有人希望过上恬静安逸的生活，但无论何种追求，都需要财富作为支撑，这非常现实。当然，追求财富并不意味着沦为金钱的奴隶。相反，财富应该成为实现人生目标的工具，帮助我们过上理想的生活，满足内心的追求，成为自己想要成为的那个人。掌握创造和积累财富的方法，是我们在这个复杂世界中立足的基础。

自我满足常被误解为自私、自负和自恋，但我们应摒弃这样的社会偏见，因为追求财富是正常的心理需求，人类天生就有追求更好生活的本能。财富赋予人更多的选择和资源，是实现个人价值和追求的重要保障之一。我们追求财富不仅是为了满足现状，更是为了不断地进步与成长。相反，不想过上好生活、不想拥有财富购买所需物品，才是不正常的。

财富是幸福人生的支撑

就人类生存的三个动机而言，无论是为生理需求而活、为心理需求而活，还是为精神需求而活，本质上并没有什么高低差别。它们之间是相互关联的，共同构成一个人完整的人生。

我们真正追求的应该是生理、心理和精神上的多重富足，其中哪一个需求未得到满足都会导致人生缺憾。

营养的食物、舒适的衣物、温暖的住所，以及让劳累的身体得到充分休息，这些都是人们生活最基本的需求，而当这些需求得不到满足时，个人的生理状况就会变差。

同样地，在现代社会中知识性娱乐变得越来越重要，比如阅读和旅行是充实精神生活的方式，若缺乏这些人们将失去精神滋养，个人的精神生活也会千疮百孔。因此，我们需要更多的知识性的娱乐，需要创造更多陶冶性情的艺术品以及美化生活的美好事物。

不仅如此，人们还需要爱。每个人在生活中都扮演着多重角色，是父母的儿子或女儿，是配偶的丈夫或妻子，是孩子的父亲或母亲。付出是爱一个人最好的表现，如果你没有能够付出的东西，便无法出色地扮演这些角色，而贫穷往往会限制你表达爱的能力。

总而言之，追求幸福生活，无论是满足生理需求、心理需求还是精神需求，都离不开金钱的支撑。现在我们应该可以认识到拥有财富的重要性了。

追求财富是人之常情，但仅有渴望是不够的。我们要想实现财富自由，就要掌握科学的致富方法。

开启认知改变：追求财富并非贪婪

富有，作为幸福人生的坚实支撑，不仅代表物质上的富足，更体现个人的能力和价值。追求财富，是身处物质世界中产生的一种自然的心态。这种渴望并非贪婪或虚荣，而是你内心深处对更好生活的向往和追求。

第二问　致富有规律可循吗

财富背后的因果关系

财富是我们生活中不可或缺的一部分，但如何获取财富、实现财务自由，却是令许多人困惑不已的问题。其实，致富本身就是一门科学，就像注重精准计算的代数或算术一样，是有规律可循的。只要我们掌握并运用致富的规律，就能够极大提高财富积累的可能性。

在现实社会中，财富的获取并非偶然，而是遵循某种特定法则行事的结果。可以这样理解，财富积累的过程实际上蕴含因果关系，那些遵循相关方法并付诸实践的人，无论他们是在有意识地执行自己的财富增长计划，还是仅仅出于巧合而采用了正确的方法，最终都能走向富裕的道路。反之，一旦人们偏离了这种特定的行为和方法，即使付出再多的努力，也很难摆脱贫穷的困境。

这种特殊的因果关系，本质上是一种自然法则。人们总是在寻找快速获取财富的秘诀，而往往忽视了财富积累背后的自然法则。所以，我们真正应该关注的是，找到获取财富的特定法则，然后遵循这种法则做事，那么财富的快速积累也就水到渠成了。

总而言之还是那句话，只要掌握好那个"因"，就可以获得自己想要的"果"。

致富并不依赖诸多先决条件

当我们深入探讨财富积累时，不能否认环境对个人的影响，但会发现环境并非决定性因素。如果非要说环境决定了财富多少，那么住在同一地区的人都应该拥有同等级的财富，并出现这样的现象：生活在同一城镇的居民全都非常富有或者全都非常贫穷；生活在某一州的居民全都财源滚滚或者全都穷困潦倒。然而，实际情况并非如此。

尽管某些环境的确可能在一定程度上制约人们获取财富，比如定居撒哈拉沙漠深处难以开展生意，但这并非普遍规律。同一地区贫富并存现象才是普遍存在于现实生活中的。此外，同一职业的人群也存在着财富严重分化的现象，这说明环境并不能完全决定人们的财富积累情况。

按此逻辑分析，一个人掌握和运用致富特定法则的能力与聪明才智是否相关？我们常常会遇到一些聪明绝顶的人，他们在各自的领域中展现出卓越的才能，但并未因此获得相应的财富。反而不少资质平庸的人，能在人生道路上取得丰硕的财富成果。所以说，天赋确实是一种优势，但它并不等同于能力。聪明才智是成功的要素之一，但非决定性因素。

此外，财富的积累也不是完全靠节约开支就能实现的。节俭和储蓄本身无过错，但这种行为并不能保证致富。许多节俭或吝啬的人过着贫穷的生活，而那些敢于花钱的人却能够积累财富，过上了富裕的生活。

还有一点，能够做他人做不到的事、完成他人未曾尝试的任务，这也并不意味着一定会获得财富。在同一行业中做同等或相似工作的人，有人成为富翁，享受财富带来的幸福；也有人陷入贫困，甚至面临破产。

在探寻成功致富的道路上，对那些已经站在财富之巅的群体进行研究，会发现这些成功者和富人中的大多数人在很多方面都表现得相当普通，他们既不具备独特的才能、出众的天赋，亦无超群的能力。正是这样一群看似普通的人，却能够以某种特定方式行事，进而达到了别人难以企及的高度。所以说，致富是特定方式、方法的产物，类似原因产生类似结果。

许多人怀疑掌握特定法则以实现财富积累的可行性，这种担忧是没有必要的。无论你的天赋、身体条件如何，都有可能找到致富方法，成为财富的拥有者。当然，也还是需要你具备一些必不可少的基础能力的，即一定程度的思考能力和理解能力，这有利于你更好地应对各种挑战，从而在积累财富的道路上走得更远。

许多人误以为致富必须选择独特的行业或职业，实际上，财富积累与行业或职业关系不大，因为每个领域都有富裕和贫困的群体。不过，从事热爱且擅长的职业，确实更容易取得优异成绩，成为杰出人才。与之相似的，如果你生活在一个非常适合自身发展的城市中，也会更容易造就一番事业。比如，在气候宜人的地区销售冰激凌比格陵兰岛更好，因为气候条件限制消费需求；在美国西北部经营鲑鱼养殖业比佛罗里达州更成功，因为佛罗里达不产鲑鱼。

还有一种普遍的误解，即认为积累财富的唯一途径是拥有大量的本金。虽然当一个人拥有本金时，财富的积累会更轻松、更迅速，但没有人会因为缺少本金就一定与财富绝缘。无论你目前的财务状况如何，只要开始采取积极的行动，能够按照某种特定的法则行事，就会逐渐积累本金。

总的来说，除了少部分限制条件外，我们可以明确地知道一个人的致富和诸多先决条件基本无关，关键还是在于自己是否遵循某种特定的法则行事。

或许你正面临债务、贫困、缺乏资源等问题，不妨开始尝试遵循特定的致富法则行事，追求财富就不再只是一个梦想，一切都将得到改善。若你资金短缺，将会获得更多的资本；若你曾误入不适合的领域，终将步入真正与自身契合的领域；若你所在位置存在偏差，便会调整至正确方位。

开启认知改变：走别人走过的成功路

　　如果有人在所在地区或领域实现了财富增长，那么其他人也具备相同的成功潜力。因此，你可以学习他人的成功经验和借鉴他们的做法，这是获取财富的重要途径。

第三问　垄断之下，还有致富机会吗

　　许多人认为财富已被少数人垄断，从而导致自己陷入贫困而难以自拔。我们要认清财富垄断现象的本质，这并不意味着在获取财富的途径上毫无机会。当发现某些行业被少数人垄断时，可以转而关注其他未被垄断的行业，在其他行业和渠道中寻找创造财富的机会，发现适合自己的财富增长点。

　　在不同的历史时期，机遇的潮流会根据整体的社会需求以及已达到的社会发展阶段，呈现出不同的走向。各个阶段的社会变迁和特定时期的演进都会带来无数的机会，只有顺应时代潮流、具备敏锐洞察力的人，才能抓住机会。这些机会就像隐藏在沙子中的珍珠，等待着有眼光的人去发现和把握。

　　无论是个体还是不同的社会阶层，都拥有平等的发展和致富机会，这些机会不会因为外部因素而被剥夺。那么，为什么工薪阶层往往难以积累大量财富呢？我认为，这并不是由雇主的剥削或财团的压榨导致的，而是因为他们没有遵循特定的法则去主动追求创造财富，从而在财富积累上处于相对弱势的地位。

　　在社会中，常常将工作的人们分为不同的阶层，其中工薪阶层无疑是人数最为庞大的，也是一个充满活力和潜力的群体。致富的法则并非只适用于某一特定群体，而是对所有人都具有指导意义。只要工薪阶层的人们愿意，都可以通过遵循特定的法则获得财富。但这些法则并不会主动发挥作用，人们必须积极地寻找、学习和运用它们，它们才会发挥出应有的作用。这意味着，一个人如果不能突破阶层带来的思维局限，那么他很有可能一直被困在原地，无法摆脱困境。

开启认知改变：突破阶层思维局限

越是相对弱势和贫穷的阶层，越要努力突破群体性的思维局限。你需要认识到致富法则的重要性，关注自身的财富增长，善于把握时代的发展潮流，并以此为契机走上致富的道路。

第四问　想有钱就能有钱吗

大脑强大的创造力

在人类探索世界的过程中，有形实体与意念之间的联系一直是一个令人困惑又充满魅力的课题。人们习惯了传统的劳动模式和创造模式，很少考虑通过自己的思想来创造新的东西，也从未想过与世界本源进行通力合作，以自身的力量去重塑和修改已经存在的各种有形实体。

其实，人类可以通过与原始的无形物质进行通力合作，实现更加丰富多彩的创造和改变。为了证明这一点，我先提出三个基本命题：首先，宇宙原始能量孕育了世间万物，其不同规律的运用产生了不同的事物或运动过程。对于人类而言，宇宙原始能量的供给是无穷无尽的。其次，这个世界具有自己的规律，其内在的运行逻辑和生发力量能够形成有形的实体。最后，每个人都是一个独立的思想中心，能够产生独特的思想，并建立与世界本源的连接，创造出自己想要的东西。

在观察和分析有形实体与意念之间的关系时，我惊奇地发现了一种极为原始的智能物质。它有着极为独特的运作方式，揭示了人类大脑具有将心中所想事物创造出来的强大能力。

原始物质具有自己的生命系统，通过它万事万物被创造出来。当原始物质处于最初始的状态时，就已经弥漫并充斥整个宇宙空间了。我们应该学会感知这一切，从而带来思想上的突破。可以在头脑中构思和塑造各种事物，通过与原始物质建立连接，促使想象中的东西被创造出来。

用意念敲开财富之门

我在前面提到过，致富往往源于人们采取了一种特定的法则去行动。有的人之所以能做到这些，很大程度上取决于他们的思考方式。思想是行动的先驱，若想按照正确的法则行事，首先要具备正确的思考能力，这不仅是智慧的表现，也是积累财富的起点。

事物表象的复杂性和多样性往往让人陷入困惑，难以看清事物的本质。正确的思考就是透过表象看真相，不受表象迷惑的影响。每个人都具有深入挖掘和思考真相的能力，这是一种与生俱来的天赋。然而，大多数人往往更愿意投身于体力劳动，而非长时间地沉浸在深层次的思考中。这主要是因为相较于简单分析表面现象，对事物的深入探究与理解要求人们付出更多的心力，特别是当面临的事物的表象与其内在真相截然相反时，思考的难度更是直线上升。

人们能看到的任何事物，都会在大脑中自动生成一个具化的表象，这使人容易相信事物就是所见的样子。若想揭开表象的迷雾，洞察事物的本质，我们就要努力排除外界的干扰，坚守寻找内在真相的信念。

一个人若总是把精力集中在那些与富有完全相反的意象中，实际上就是在思想层面上将自己推向贫穷的行列中，他就无法构建起非常清晰的财富观，这样做只会阻碍自己追求生活中那些美好的东西。当一个人面临贫困迹象时，内心深处往往早已悄然形成了与之对应的贫穷意象，仿佛这便是自己生活的全貌。

我们需要洞悉生活的真相，相信这个世界并非你感知得那般贫穷，坚信自己完全有可能迈向富足。就好比在疾病侵袭时，应坚定信念，向往健康。同理，在陷入贫困时，就要引导自己去思考迈向富足的可能性。要想真正进入这样的境界，需要强大的精神力量作支撑。具备这种精神力量的人，或许能成为卓越的意念大师，他们能更自如地把握命运，有机会获得心之所向的一切。

信念是人们内心深处的精神支柱，唯有坚定信念，才能透过纷繁复杂的表象洞察背后的真相，从而汲取无穷的精神力量。那么，必须明确这样一个真理：任何思想都会创造相应的实体，人们完全可以将自己内在的想法与世界建立某种独特的连接，使其从思想状态变成现实物质。这种创造力的源泉，正是我们内心深处的信念。

一旦我们意识到世间万物都可以凭借人的思想创造出来，内心的怀疑和恐惧就会消失，因为我们知道自己有能力创造自己想要的东西，有能力拥有自己希望获得的财富，也有能力成为自己想要成为的那一种人。

在宇宙这一神秘领域中理论繁多，我们有必要放下其他一些关于宇宙是什么的定义。你需要将前述的核心内容深深地刻印在心灵深处，使其成为思维模式的基石。不断地回顾、复习这些内容，直至对这些观点理解透彻且深信不疑。若仍存疑虑，那么应该暂时放下这些观点，而非强迫自己接受。此外，不必过于关注他人的争论，或是被宗教和演讲中的观点所左右。因为这可能会混淆我们的认知，使之前的努力付诸东流。

科学致富法则的力量，源于全心全意地接受和相信。从彻底接纳这些法则的那一刻起，它们的力量便开始在我们的生活中发挥作用。

开启认知改变：成为卓越的意念大师

　　要相信世间万物皆可通过人类的思想创造，你有能力将内心构想转化为实体物质。坚信自己具备实现内心渴望的潜能，无论是追求物质富足，还是追求精神满足。

第五问　财富是竞争来的吗

渴望财富是生命的召唤

生命的本质在于繁衍生息，比如种子落地后不断督促自己生长，孕育出更多的种子，确保生命的延续。同样，人类也有这种督促自己不断地追求优化的需求，以确保个体和整个物种的持续发展。

受生命自我优化模式的驱使，人们不断地挑战自己，学习更多知识，做更多事情，寻找到更多有价值的工具和资源，努力提升自己的生活水平，最终成为自己想要成为的人，过上渴望已久的富足生活。这种渴望像是一种驱动力，促使人们去实现致富的目标，让人们付诸行动追求财富，实现财富自由。

任何一个生命体都必须遵循生物生存和发展的内在规律，这个内在规律本身便蕴藏着充实生命的渴望。按照这种发展的底层逻辑，世界会给予人们很多可用的资源。当人们能够自如地利用生活中拥有的一切资源时，就会展现出更完美的生命状态。简而言之，当你对生活拥有无限的掌控力时，你便能更充分地体验生命。

人们追求财富，不应仅仅是为了心灵的满足，或是为了积累知识、满足野心、超越他人、追求名利。这些只是生活中的一小部分，如果只关注这些，那么人生可能会变得空虚和不满。同时，也不要仅仅把财富看作是实现慈善或救赎他人的手段，心理的满足也只是生命的一小部分，它并不比肉体的满足更为优越。

真正的富有，应该能满足我们的基本生活需求，带给我们快乐；还应该支持我们去探索世界、欣赏美景、增长见识、丰富内心。更重要的是，财富应该帮助我们关爱他人，为传递爱和希望贡献力量。当然，我们也需要明白，极端的利他和利己一样不合理。摒弃"为别人牺牲自我"的想法，世界希望每个人都能展现出最好的自我，而非为了别人牺牲自我。

不做竞争者，要做创造者

这个世界一直在鼓励每个人追求自我的提升，为自己和他人创造更美好的生活。实际上，只有努力成为更好的人，才能成为他人最好的帮助。同时也要认识到，一个人只有通过努力积累财富，才能有更多的机会成为更好的自己。对于任何人来说，追求财富都应该是人生的重要任务。这样的理念不仅合乎情理，而且应当被社会广泛推崇和倡导。

在追求财富的过程中，必须牢记一点，世界始终渴望创造更加美好的生命。所有的自然法则和社会规则，都是为了推动人们向更完美的方向前进。在这个过程中，世界并不会减损我们的福祉，因为每个生命都是独特且珍贵的，都会被平等地对待和尊重。

世界赋予人类丰富多样的资源，但也不会从一个人手中剥夺资源来献给另一个人，人们也不应剥夺他人的资源来满足自己，而是要摒弃竞争的心态。人类存在的本身就是为了创造，而非争夺已被创造出来的资源。因此，我们无须执着于从他人手中夺取财物，无须在争取利益时过于偏激，无须依赖欺骗和谎言来获取利益。同时，我们不要试图从为我们工作的人身上剥削更多，也不要觊觎和贪图他人的财富。我们完全可以通过自己的努力获得所需的物质，而不依赖掠夺。在创造的过程中，我们同样可以拥有一切。

当然，有些人尽管与我所述的方式相悖，却也能迅速地积累巨额财富。这些人往往是凭借出色的个人能力和独特的竞争优势，或是借助历史上的产业革命来积累财富。比如洛克菲勒、卡内基和摩根等人，他们作为工业革命的重要参与者，以系统化、组织化的方式推动了产业的发展，并为全体生命的优化做出了巨大贡献。然而，他们的时代已经过去，随着社会的进步，新的人物将不断涌现，继续推动接下来的发展。真正的问题在于，人们依赖竞争来获取财富的方式难以持久，也难以满足人们日益增长的欲望。这个世界是动态的、风云变幻的，今日的成功，可能明天就会被他人超越。

我们不要总是认为资源是有限的，认为不抢夺就会被他人夺走。当人们开始认为所有的财富都被他人占据和控制，而自己只能尽力阻止他们垄断财富时，就已经陷入了竞争的陷阱。从那一刻起，他们的创造力开始消退，甚至已经开始的创造性活动也可能因此停止。我们应该明白，真正的财富积累应该基于创造力和共享，而不是无休止地竞争和掠夺。只有这样，才能真正地实现持久和有意义的财富增长。

我们都知道，地球的山脉中蕴藏着丰富的黄金资源，它们尚未被完全开采。同时，我们也深信，即使没有任何黄金，物质世界依然有能力创造更多的东西，以满足我们的需求。因此，不必过于焦虑，即使面对众多的竞争者，也不要过分关注眼前的资源供应，而要放眼于世界所蕴藏的资源。没有人能够垄断资源，阻止他人获取财富，要相信我们追求的财富终会到来。

请铭记两个观点：第一，这个世界会按照自己的规律去创造万事万物，这种创造力早就渗透、弥漫和充斥所有的宇宙空间了。第二，人们的思想观念对于物质世界的构建具有深远的影响。只要我们在心中勾勒出美好的蓝图，这个世界就会依据其固有的运行规律为人们提供所需的资源和条件。

开启认知改变：财富积累基于创造

你并非要追寻他人所拥有的物质或成就，而要致力于创造财富，实现自己心中的愿景。摒弃无谓的竞争，同时也要摒弃无谓的牺牲，极端的利他主义和自私自利，都不是获取财富的理想之道。

第六问　怎样才能让他人帮你赚钱

双赢，商业合作黄金法则

"锱铢必较"这个词在商业交易中，并非指价格上的斤斤计较，也不应该成为拒绝与他人合作的理由。它的真正含义是提醒人们在商业竞争中，应当避免使用不正当手段，不要期待坐享其成。要秉持公正和诚实的态度，通过合理的手段来获取利益，进而实现个人的财富积累。

在资本市场中，任何商品的价格都不可能低于其成本价，因为商品的价值往往远超出其购买价格。人们总是在寻求价值的最大化，然而价值的体现并不仅仅局限于金钱价格，更重要的是它能带给人们的实际利益和生活质量的提高。假设我手中拥有一幅珍贵的名画，在发达国家，这幅画可能价值不菲，能卖出数千美元的高价。但如果我将其带到北冰洋地区的巴芬湾海域，利用高超的销售技巧，与一名爱斯基摩人通过物品交换得到价值 500 美元的一件皮草。按照这种交易形式，似乎我在交易中向对方施加了某种不公正的影响，因为这幅画对他的价值微乎其微，也无法给他的生活带来实质性的改善。而如果我用一杆 50 美元的猎枪换取那件皮草，那么这就显得公平了，因为猎枪对他来说具有实用价值，能帮助他提高生活质量。

如今市场竞争激烈，从竞争意识转变为创造意识，这无疑是市场发展的重要里程碑。要想实现这一转变，需要对市场进行更深入地观察和分析。当发现购买的商品或服务无法提升生活质量，即其使用价值低于金钱价格时，就应该停止购买。

在市场经济中，交易者取得的成功并非仅仅依赖于利润的追求，也要关注如何给予他人更多的满足。这种理念的实践，不仅能让交易者在商业活动中取得成功，更能让他们的人生境界提升到一个新的高度。

当然，在生意场上，不要总是为他人着想，若所处行业充斥着欺诈行为，那么明智之举就是及时抽身。

双赢，理想的雇佣关系

当我们谈论员工雇佣时，一个重要的观点是，如果雇主能认识到，他们所支付的薪水往往远低于员工本身具备的使用价值，那么为了激发员工的潜力，雇主应该做好规划，为员工提供更多、更好的成长机会，帮助他们开启成功的大门。确保那些渴望进步的员工每天都能得到成长，这是雇主的责任。

进一步来说，雇主为员工创造更多的财富，实际上也是为自己创造更多的财富，这正是我倡导的核心理念之一。雇主在经营自己的事业时，不要忘记满足员工追求财富的欲望，要为他们搭建追求财富的梯子，提供更多的机会和更好的平台。当然，如果员工不懂得珍惜和利用这些机会，那么责任就不在雇主一方了。

最后，需要强调的是：我们身边的所有物质，无论是看得见的，还是看不见的，本质上都可以通过某种方式转化成源源不断的财富。但这并不意味着我们可以坐享其成，财富不会凭空而降，我们要积极地参与到财富的创造过程中。

开启认知改变：利人才能利己

　　不要仅仅以金钱为标准，来衡量自己与他人之间的交往与贡献。在使用价值层面，你赋予他人的，应当超越对方在货币价值上回馈给你的。这并非简单的物质交换，而是一种更深层次的、基于信任和尊重的互利共赢。

第七问　为什么财富爱追着有些人跑

感恩是致富的关键

在前面的内容中，我一直试图向大家传递一个观点：我们可以与这个世界构建一种特殊的连接，并强化彼此之间的和谐关系。因此，追求财富的第一步是将你想要致富的想法传递给宇宙原始能量。

不论你是谁，只要你想致富，都需要与宇宙原始能量保持这种和谐统一的关系。若想实现这种和谐统一，我们就必须适度调整身心。而我也找到了对这一调整过程的合适概括，那就是感恩。

首先，我们应相信宇宙原始能量的存在。其次，相信宇宙原始能量会帮助我们得到我们所需要的一切。最后，怀抱虔诚的感恩之心，与宇宙原始能量保持和谐统一。

世界赋予一些人天赋与能力，但如果这些人不懂得感恩，那么他们就不能将天赋发挥至极致，也不能与世界建立正确的连接，从而无法把握住致富的良机。

当一个人心怀感恩时，能更加容易地与世界建立一种和谐的关系。而这种和谐关系，正是追求财富和实现自我价值的关键所在。其实非常好理解，当致富机遇降临，一个人对世界越是心怀感恩，就越是可以得到世界更丰富的回馈，心怀感恩可以使其心灵更接近幸福的源头。

拥有感恩的心态，能使我们的思维与世界产生更加和谐的共鸣。虽然这对许多人来说可能是一个新的概念，但深思后就会发现其真实存在的意义。在竞争激烈的生意场上，感恩的心态让人更加敏锐地感知周围的一切，避免被"资源有限"的狭隘思维束缚，便不会陷入竞争的陷阱，从而保护我们追求财富的渴求不遭受毁灭性打击。

感恩的定律本身就是一种自然法则，就像自然界的作用力与反作用力一样。当我们对世界充满感恩时，内心将得到解放，释放出巨大的能量，这些能量反作用于世界，最终给予我们最丰富的回馈。

"一个人如果亲近世界，世界也会亲近他"，这句话从心理学的角度来说也是成立的。一个人如果怀有强烈的、持续的感恩之心，那么来自世界的反作用力也会同样变得强有力且持续，这样一来，他所追求的那些东西会源源不断地向他靠拢。

某位哲人曾强调："感谢世界能够聆听我。"这种感恩的态度帮助他取得了巨大的进步。对我们来说也是一样的，只有心怀感恩的人，才能获取更多的能量。

不过，感恩的价值并不仅仅是为了满足人们对未来幸福生活的追求，没有感恩的心态，人们就会被长久地困在对现实生活不满的消极情绪中。

当人们被困在不满的情绪中时，就会逐渐迷失方向，沉迷于贫穷、肮脏和卑劣的事物，对生活充满了负面认知。消极情绪如同毒草一般，不仅影响心态，还可能引发世界的反作用力，使我们遭遇更多不如意。

我们的内心与外部世界紧密相连，我们的想法和感受都会得到世界的反馈。如果我们的内心被负面事物所困，那些不好的东西就会不断侵蚀我们的精神，并在生活中制造各种麻烦。相反，如果我们一直专注于美好的事物，生活将充满阳光，生活质量也会随之提升。

我们要学会感激生活中的美好，感恩之心能帮助我们认识事物的本质，引领我们走向美好的未来。

养成感恩的习惯

感恩之心可以坚定人们的信念，因为它会使人们对美好的事物一直心生向往，而信念就是由这种向往孕育出来的。

感恩之心在某种程度上能催生内心的信念，我们的感恩行为每增加一次，个人的信念就会增强一次。没有感恩之心的人，无法维持生活中的一贯信仰，也无法运用创造性的方法追求财富。

对每个人而言，养成对美好事物心怀感恩的习惯都是很有必要的。无论遇到什么美好的事物，我们都应该心怀感恩，因为这些经历最终都会成为我们成长的助力。珍惜每一个美好的瞬间，感谢它们给我们带来的启示和成长。

从现在开始，不要再浪费时间去指责或议论那些身居高位的人的缺点和错误。他们组织并管理的世界，为我们创造了无数的成长机会，而我们现在所享受的生活也离不开他们的贡献。尽管有些人会对政客的腐败行为感到愤怒，甚至采取过抵制行动。但我们必须认识到，如果没有这些政客，世界可能会陷入无政府主义的混乱状态，我们的生存和发展机会也将大幅度减少。

整个世界都在兢兢业业地维持运转，为我们创造了政府机构和工作平台，并且将继续为我们服务。随着社会的推进，世界终将逐渐淘汰那些财阀、托拉斯巨头和行业领袖，尽管他们目前仍然发挥着重要的价值和作用。我们需要明白，这些人也曾经为我们追求财富创造了条件，因此我们也应该心怀感恩。

感恩不仅是一种心态，更是一种智慧。只有当我们学会感恩时，才能与美好的事物建立更加和谐的关系，并吸引财富向自己靠拢。

开启认知改变：成为被财富偏爱的人

感恩之心能拉近你与幸福之源的距离，与宇宙创造性能量和谐共鸣。财富偏爱拥有感恩之心的人，可以说心怀感恩或许是你通往成功的捷径。

第八问　如何点燃致富信号

目标清晰更易实现

在积累财富这趟旅程中，心中的渴望和目标犹如明灯，指引人前行的方向。如果你渴望得到某些东西，首先需要在大脑中构建一幅清晰的画面。否则，无法有效将你的渴望传递给世界，自然就无法得到世界回馈的反作用力。

比如，当你试图向朋友发送一条信息时，不会仅仅发送一串毫无意义的英文字母，也不会随机挑选几个单词拼凑成句。相反，你会精心地组织语言，确保信息的完整性和明确性，以便朋友能够准确理解你的意图。同样地，当你向世界传递你的渴望时，也需要构建一个完整且明确的信息。你必须清晰地告诉世界，你渴望得到的是什么，这样世界才可能给予你相应的回馈。

不过，这并不意味着人们可以随意设定目标。你的渴望必须具备一定的成熟度和明确性，否则将永远无法转化为具体的行动。你需要像描述理想家园那样，具体而生动地描绘内心的渴望。想象自己实现目标时的情景，在大脑中构建一幅清晰的画面，这样才能更加坚定地追求它。

你需要保持对目标的专注，就像大海中的水手一样，始终牢记自己的目的地，朝着它不断努力。如果你的渴望不够强烈，就会像失去罗盘的水手一样，迷失方向，无法到达目的地。

当然，这并不是说需要花费大量时间来提升自己的专注力或进行心灵训练。实际上，只需要你能清晰地知道自己想要的是什么，让它在大脑中变得更加清晰和生动，并做到坚定地追求它。当你对目标的渴望强大到足以引导行动时，才能真正地实现它。对于那些真正渴望变得富有的人来说，需要将这种渴望深深地印刻在心中，让它成为自己行动的指南，引导自己走向成功。

当你的内心对某一事物充满了强烈的渴望时，思维就会变得更加敏锐，行动力也会变得更加坚定。这种渴望，正是人内心深处最真实、最强烈的情感表达。当你对目标有了清晰的认知，就能更容易地找出那些能够增强愉悦感的相关细节，以此来增强内在的渴望，让大脑中构建的那幅画面更加清晰。

正如一位哲人所说："无论你祷告和祈求什么，只要相信自己一定可以得到它们，那么最终就会心想事成。"

坚定信念，不忘感恩

仅仅沉浸于想象和意念之中是不够的，需要将这些想法转化为实际行动。否则，你只会是空想家，梦想永远无法成真。坚守信仰，坚定自己可以让一切美梦成真的决心。科学家和梦想家在运用想象力方面的最大差异，就在于他们是否具备坚定的信念和决心。

为了实现意象的转化，你需要将思维层面的渴望落实到现实生活中。这意味着你需要付诸行动，去创造内心渴望的事物。在这个过程中，你要充分发挥自己的想象力和创造力，去构建自己想要的世界。同时，也要保持耐心和毅力，因为实现目标往往需要时间和努力。

在实现渴望的行动中，还要学会享受这个过程。充分感受渴望带来的兴奋和期待，让这种情感成为前进的动力。同时，也应该学会从精神层面上欣赏自己追求的事物，即使它们尚未成为现实。

还应该牢记前面内容提到的感恩心态。感恩并不仅仅是一种情感的表达，还是一种行动的动力。你不需要每天去祷告和祈求，也不需要向生活诉说内心的渴望。你需要做的是，清晰地构想出那些你渴望获得并能够优化生活的东西，对这些期待进行有效地整合，形成一个连贯的目标。然后将自己的渴望传递给世界，等待这个世界输出它的反作用力。这个过程中，心怀感恩，保持不可动摇的信念。只有这样，才能真正获得自己想要的东西。

有的人可能会在某些特别的日子里祷告，但在其他时间段则没有保持虔诚的状态，把目标忘得一干二净，这样做将难以获得世界的正面回馈和反作用力。不能只在某些特别的日子里祷告，然后在其他时候忘记自己的目标，要时刻保持对目标的追求和信念的坚定。

不过，这并不意味着我们只要强化了信念，就一定可以获得自己想要的东西。我们需要做的是行动起来，将信念转化为实际行动。

坚定地守护自己的欲望以及获取财富的信念，并且下定决心去获取自己期待的那些东西，这才是我们真正应该去做的事情。

记住我说的这句话："相信你能获得自己想得到的东西。"当你想象自己住进豪华的新房子，穿着华美的服饰，开着豪车游历四方，并计划着踏上更加壮丽的人生之旅时，在内心深处必须给自己这样的暗示：这一切，我已拥有。

在很多时候，我们需要想象一个自己期待的生活环境和经济水平，并幻想自己在这样的生活中感受幸福和愉悦。我们应该一直保持这样的意念，期待它们在现实生活中被一一实现。

开启认知改变：想要就能得到

　　在内心深处为所求的事物绘制一幅鲜明而确切的蓝图，这幅蓝图要清晰到每一个细节都历历在目。一旦你构建好了这幅内心的蓝图，必须保持对愿景的持续信念，你便能够逐步将渴望转化为现实。

第九问 你有"穷人脑"吗

将意志力内敛于心

在追求财富的过程中,人们往往容易陷入一种误区,即试图通过控制他人来实现自己的目标。这种做法不仅违背了道德原则,也忽视了人与人之间的平等和尊重。按照科学的方法来追求财富,人们就不能将自己的意志力强加到自身以外的任何事物上。

首先,将自己的意志强加于他人身上,无论是通过精神力量还是身体优势,都是错误的。这种行为本质上是一种剥削和压迫,与抢劫无异。任何人都无权剥夺他人的自由和选择权,即使你认为自己的意志是为了他人好。因为每个人对"好"的定义是不同的,所以不要将自己的价值观强加于他人身上。

其次,试图将自己的意志力强加于外在事物上,强制性地将它们变成自己的私有财产,这种做法违背了世界运作的规律,是一种毫无意义且愚蠢的行为。

那么,科学的致富方法是什么呢?其实,答案很简单,就是将意志力运用在自己身上。这意味着你需要深入了解自己,明确自己的目标和愿望,然后制订计划并采取行动。不断地进行自我反思和调整,以便更好地适应外界环境的变化。

同时，要保持一种开放和包容的心态。我们没有必要运用意志力去征服那些对自己不友善的东西，或者迫使那些与自己利益相违背的力量来屈从自己。

我们需要认识到，世界已经足够友善了，它可能更加迫切地想要帮助我们实现目标。不要再试图迫使世界为你提供更多更好的东西，而是要学会接受和欣赏它给予你的一切。懂得感恩和珍惜，而不是抱怨和强求。只有这样，才能真正地实现财富自由。

对于任何人来说，都不要试图把原本强加到自己身上的意志力向外界发散，作用在其他人事物上。我们应该将全部的心力集中在自己身上，这样才能发挥出意志力的真实效用；反过来说，如果将全部心力集中在外界的人事物上，就无法发挥出意志力应有的效用。

与将意志力运用于别处相比，将意志力内敛于心对实现财富梦想的帮助才是最大的。运用意志力来强化自己坚守信念的决心，当一个人越是拥有稳定而持续的人生信念时，财富就越是能够向他靠拢。因为这样的人总是会向世界传递积极的信息，由此可以激发出世界强大的反作用力。

始终正能量满满

如果你想要成为真正的有钱人，那么就要避免沉湎于对贫穷的沉思和讨论。贫穷，不应该成为你思考的焦点，更不应该成为你生活的主题。人们越是朝着内心所期待的美好事物的反方向思考，那些美好事物就越是难以触及。

过去的经济困难或贫穷经历，虽然可能对一个人的财富观念产生影响，但并不是说这些经历就决定了这个人未来的命运。人若总是沉浸在过去的贫穷中，反复讨论和回忆那些经历，只会让自己对贫穷产生恐惧和绝望的情绪，更加无法摆脱贫穷的思维模式。真正消除贫穷的方法，是在内心构建更多体现财富以及创造财富可能性的意象。我们要想象自己成功的场景，想象自己过上富裕的生活，这样才能激发我们去追求财富的动力。

不仅如此，也不要再去读那些消极、阴暗的文章，不要相信那些宣扬世界末日、社会黑暗的言论，不要理会那些悲观的哲学家们的思想。虽然现实中还有许多不和谐的、令人伤感的事情存在，但这些事物和现象必然会随着时代的发展和人类社会的进步而逐渐被淘汰甚至消亡。既然如此，那我们何必还要再继续为此浪费时间和精力呢？

我们要保持清醒，不被过度的悲观情绪左右。总是沉浸在负面情绪中不仅无助于我们解决问题，还会束缚我们的思想。因此，我们要摆正心态，将注意力转移到更有益的事情上。

我们真正需要关心的问题是，找到摆脱贫穷走向富有的方法。与其将大量时间花在一些所谓的慈善工作或活动上，不如将精力集中在如何提升自己，以及如何创造更多的财富上。

有的人一直致力于开展消除贫穷的爱心活动，这一点虽然值得称赞，但这种爱心并不能消除贫穷的存在。虽然慈善机构提供的面包能够暂时缓解饥饿、娱乐活动能够带来片刻的欢愉，但这些都不能从根本上改变穷人的命运。真正的帮助，应该是教会他们如何获取更多的物质和财富，让他们有能力摆脱贫困的束缚。

贫穷并非不可消除，消除贫穷的关键不在于让富人思考贫穷，而在于激发更多穷人内心的致富决心和信念。因此，要向穷人灌输一种信念：你有能力变得更加富有。这并不是空洞的鼓励，而是基于事实和经验的认知。有许多成功的例子表明，通过努力和智慧，一个人可以从一无所有到白手起家，实现财富的积累。这为穷人提供了摆脱贫困的具体路径。

不要盯着贫穷不放了，不要再去关注它、思考它，而是要将精力留给自己。运用意志力坚定自己的致富信念，并号召更多的人走上致富的道路，让贫困远离我们，甚至彻底消失。

开启认知改变：给自己打上"富人"的标记

贫穷不过是一种暂时的状态，而非你人生的最终定义。切勿在心灵深处将自己框定为穷人，这种自我限制只会禁锢你的思维，束缚你的行动，摧毁你潜在的机会。告别"穷人脑"，拥有富人思维。

第十问　何时是致富的好时机

始于当下，而非未来

思考是行动的指南针，使人明确自己的目标，并规划出实现这些目标的步骤。然而，如果没有具体的行动，思考就会停留在纸上谈兵的阶段，无法将其转化为实际的成果。很多思想家之所以会遭遇失败，就是因为他们过于沉迷在自我思考当中，而忽视了将思考转化为实际行动的重要性。

以获取黄金为例，按照前面内容所讲，我们先设定获取黄金的相关意象，在大脑中构建一幅清晰的画面。然后，建立自己和黄金之间的联系。这些准备工作仅仅只是开始。只凭借思想的力量，金矿不会自己从深山中走出来，也不会自己提炼出纯度很高的黄金，更不会自己进行锻造变成金灿灿的金币跑到我们的口袋中。为了获取黄金，我们还需要付诸行动。

科学致富的关键在于我们必须将头脑中的思想付诸具体的行动当中。无论我们打算采取什么样的行动方案，重要的是要及时行动，不要让行动总是停留在"过去式"。不能总是想着"自己以后一定会采取行动"，不要寄希望于未来，因为未来从未到来。

及时行动，我们不必等一个所谓的更好的时机来落实自己的计划。因为好时机是相对而言的，如果总是等待完美的时机，那么将永远无法开始行动。

不过分关注当前的环境是不是适合行动、当前的行动的时机够不够好。虽然环境和时机对于行动的成功有一定影响，但它们并非决定性的因素。

不要花费太多时间去考虑怎样应对未来的突发事件，要相信自己，即使在日后出现紧急情况，自己也完全有能力妥善处理。如果总是考虑未来会怎么样，那么我们的行动就会失去思想的指导，最后的结果自然无法达到预期的效果。因此，我们必须将全部的注意力投入当前的行动中。

每个人都希望能够将自己内心的渴望转化为现实，然而，很多人常常会陷入一种惯性思维，那就是只将自己的渴望传达给世界，然后坐等机会的到来，期待一切能够自然而然地发生。这样的做法往往只会让人失去前进的动力，从而无法实现内心期待的一切。

为了改变这一现状，真正的行动起来才是达成目标的唯一途径。无论你处于何种环境，都要懂得运用自己的思想，并将其转化为实际的行动。这种对思想的及时应用和全力以赴的态度，是我们需要掌握的必备技能。

保持正确、有效的行动

即使是微不足道的行动，也可能产生深远的结果。我们无法预知这些行动将带来什么样的反作用力，但可以确定的是，每一个正确、有效的行动，都会为成功奠定基础。

行动，无论其类型与方法如何，必须始终与你当前的工作和生活保持高度的一致性，且与你所接触的人和事紧密相关。唯有在你当前所处的环境中采取行动才是可行的，不要在过去或未来的环境中实施行动。

不要纠结昨天的工作，也不要企图提前完成明天的工作，而是要全身心地投入到今天的工作中。"今日事，今日毕"这句古训，提醒我们要珍惜每一个当下。

从某种程度上讲，我们每一天的生活都充满了成功或失败的可能性。如果我们怀揣着对美好事物的渴望，并遵循特定法则付诸相应行动，那么每一天都将充满成功的喜悦，并可能会在追求财富的道路上取得胜利。反之，我们将会陷入失败的泥潭，这种失败会逐渐破坏我们与财富之间的联系。

　　我们要珍惜每一天，全力以赴做好每一件事。当然，我们也要认识到自己的能力和局限性，避免过度劳累或盲目追求效率。我们应该关注做事情的质量，而不是数量。

　　每天尽自己最大的努力采取有效的行动，无论行动多么琐碎或微小。精神力量与实际行动的紧密结合是成功的关键。当你全身心地追求目标，并将信念和决心融入每一次行动中时，行动将变得有力且高效。当每一次的行动都富有成效时，人生的成功之梯便会随之累积。

　　有的人常常陷入失败的原因，往往在于无效努力投入得过多，而真正有效的行动却少之又少。这是一个客观的事实：如果你能够克制自己，避免无效的行动，确保每一次的努力都产生价值，那么财富自然会源源不断地向你靠拢。从现在起，致力于让每项行动都发挥效用，那么你将会领悟到致富是一门科学的真谛，它的精确性与数学无异。

　　此刻，我们回顾之前的内容，并针对当前学习的内容进行适当总结：万物之生，皆有赖于某种机制的运转。人们通过大脑构想事物，与世界建立联系，并借助世界的反作用力，实现对心中构想事物的创造。为了实现这一点，需要将竞争思维转变为更加合理的创造思维。将内心构思的意象描绘成一幅清晰的图画，深深地印刻在大脑中。同时，我们还需要心怀感恩，坚定信念和决心，去追求自己心中所想的目标。每天竭尽全力地完成所有工作，确保每一次行动都卓有成效。

开启认知改变：就是现在，马上行动起来

过分纠结于成败得失，只会让你原地踏步，无法前行。机会不会因为你的迟疑而停留，最好的时机往往就是现在，就在你决定迈出那一步的瞬间。

第十一问　选择哪个行业能致富

发挥自己的特长和优势

当谈论工作时，有的人常常陷入一种固定的思维模式：为了生存而工作，为了金钱而工作。其实，工作的意义远不止于此。

如果能够从事自己擅长并热爱的工作，那种满足感和成就感将是无法用言语来形容的。当你投入到自己擅长的工作中时，才华得到了充分的发挥，努力得到了应有的回报。这种回报不仅是物质上的满足，也是精神上的满足。你感到自己有价值、有能力、有影响力。工作不仅仅是为了生活，更是为了实现自己的价值。

没有内心的强大动力，无论才华如何横溢，我们都难以产生真正的热情。换句话说，强烈的欲望是行动的强大动力，它激发我们不断前行、不断探索，直到找到实现自我价值的那条道路。

如果你对某个行业有着浓厚的兴趣，那么就勇敢地跨入其中。做自己喜欢的工作，这是每个人的基本权利。你不应该被外界的压力和期望束缚，而是应该勇敢地追求自己内心的真正所求。若我们总是被迫从事不喜欢的工作，而无法触及心之所向，那么将永远缺乏满足感。

在选择工作时，我们除了要考虑个人的喜好，还要考虑能否充分发挥自己的特长和优势。事业成功的旋律虽然是多方因素的叠加,但其关键在于我们是否具备完成该工作所需的基本技能。

对于每一个追求卓越的人来说,掌握所需的基本技能无疑是最基础的要求。比如音乐家需要具备音乐才华,机械师需要具备机械知识,商人需要具备经济头脑和商业能力,这些基本技能构成他们追求成功的乐谱。选择能发挥自身天赋和才华的行业,往往更容易取得成功。

一般情况下,人们选择一个体现和释放自身技能优势的行业,往往可以做得更好,因为这样的行业仿佛是为我们量身打造的一样,使我们能够表现得如鱼得水。除了积累财富之外,我们的内心还能够获得最大限度的满足。

不过,即便人们对自己所从事的工作拥有很强的天赋,也不能保证就一定可以因此获得财富。有很多拥有超凡天赋的音乐家,生活始终一贫如洗;很多技艺精湛的铁匠和木匠, 一直没能依靠技术挣到更多的钱;也有很多商人虽然商业天赋出众,而且对人情世故非常了解,却终究一无所成。

所以说,从事那些能够展示我们自身天赋的行业,的确更容易带来成功,但并不意味着这是我们唯一能够取得成功的行业。

事实上,人们不仅仅是依赖那些与生俱来的天赋来生存的。也许一开始我们不具备从事某一行业工作所需的技能,但人本身具备学习、掌握任何一项基本技能的基础能力,所以,最终也会开发出新的技能来推动自己适应这份工作。如此说来,我们完全有机会在任何一个行业中取得成功,积累财富。

在讨厌的工作中寻找成长机会

当投身于某项工作时,如果你发现这份工作并不适合自己,那么最好的选择就是放弃,以免在错误的道路上越走越远。一时的错误选择并不代表你永远都会犯错,选择了一个不适合的行业,也不代表你一辈子都会做出错误的职业选择。

　　有时候我们为了更长远的目标需要暂时从事不喜欢的工作，即便如此也不要放弃对自我提升的追求。可以将这些经历视为跳板，通过它们来积累经验和技能，为未来的理想工作做好准备。你只要清楚地认识到，当前的工作能为未来得到更好的机会奠定基础，那么现在的工作就不再那么令人讨厌，反而能激发你的感激和喜悦。

　　作为员工，我们可能会通过跳槽来寻找更理想的工作。但在这个过程中，不能仅仅寄希望于外界的恩赐，而应该通过自身的努力来创造机会。坚守内心的愿景，强化信念和决心，全力以赴去追求目标，这样才能真正获得理想的工作。

　　当机会出现时，经过一番深思熟虑后，一旦确认这是一个真正的、难得的好机会，就不要犹豫，要立即行动。

　　如果你对自己是否应该做出选择感到迷茫或担忧，那么最好不要匆忙决定，而是冷静思考后再做决策。

　　即使错过了某个心仪的机会，也不必气馁，总有其他美好的机会在前方等着你，你有充足的时间去发现并把握。世界上总是充满了无数的可能性与机遇，不必急于一时的成就。

　　为了实现个人的进步和发展，我们必须不断地超越当前职责所需的技能和能力。如果不能完成好现在的工作，那么我们也无法胜任更高层次的工作。因此，必须不断地提升自己，才能推动职业生涯向前发展。

　　全力以赴做好当前的工作，将它作为迈向更高平台的跳板。通过不断地提升自己的能力和素质，逐步为自己创造更加优质的工作环境，收获更加丰厚的财富回报。

开启认知改变：各行各业皆藏金

选择与个人天赋匹配的行业更易成功，但这并非唯一途径，毕竟成功的旋律是多元的。你有能力激发自己的潜能，去掌握任何行业所需的技能，并获得成功，积累财富。

第十二问　形象会影响财运吗

维持积极进取的形象

无论你身处哪个行业，都需要对自己的工作行为保持高度的专业性和一致性。这是因为，无论你是否计划改变职业，提升工作能力和积累工作经验都是至关重要的。这些努力不仅有助于你在当前职位上取得更好的成绩，还能帮助你发现那些真正可以激发你的热情的工作领域。

在日常工作中，无论是与同事面对面交流，还是通过书信、电子邮件等方式进行沟通，我们都需要遵循一定的法则和技巧。其中，向对方传递一个积极进取的形象是非常有必要的。这不仅可以帮助你建立良好的人际关系，还能让你给对方留下深刻的印象。

生命的本质在于不断地发展和优化，这是一条不可逆转的定律，如同日月更替，四季轮回一般。一旦生命停止发展和优化，就如同花朵失去了阳光和雨露，终将凋零、枯萎。人类深知这一道理，所以从未停止过对更美好事物的追求。关于这样的定律，有一位哲人曾以银钱作比："凡是人们拥有的，还要加倍赠予他，使他拥有的东西有更多的结余；凡是人们没有的东西，连他已经拥有的东西也都要夺过来。"

当下，无论是男性还是女性，都在努力寻求个人发展和优化的途径。大家渴望在职业生涯中取得更大的成就，实现自我价值。同时，世界也提供了丰富的资源和内在推动力，促使我们不断地追求卓越，展示出更加完美的自己。因此，人们普遍倾向于选择那些能够促进个人成长与提升的人事物。

这个时候，我们就要通过自己的行为和信念，向外散发出一种积极的力量，影响周围的人。在与他人的交往中，我们应该努力给他人留下这样的印象：凡与我接触的人，他们的生命都能得到某种程度的发展和优化。从我这里获得的价值，远远超过了他们所付出的金钱的价值。

你可以通过自己所做的每一件事情向别人传递积极进取的形象，确保与你接触的每一个人都能意识到你是一个奋发向上的人。与此同时，让接触者接收到期待双方共同进步的相关信息，即便是在社交场合中遇到和自己毫无生意往来的陌生人，你也要将这些信息和信念传递给对方。

为了更自然地传递这样的信息，你需要坚守"我在不断地成长，我是一个与时俱进、不断进取的人"的信念。让这个信念成为你生活的基石，渗透到每一个行动和决策中。它不仅能激发你内在的激情，让你在追求目标时更加坚定，还能让周围的人感受到你积极的态度。

向世界展示一个积极进取、奋发向上的自我形象。这不仅仅是为了在商业场合中取得成功，还是在日常生活中与人交往的一种良好态度。通过言行举止，让每一个人都感受到你是不断进步、追求成长的人。

警惕统治欲望的陷阱

在追求财富梦想的过程中，必须警惕一种潜在的危险——内心对权力的渴望和对统治他人的欲望。这种欲望往往源于心智的不健全或不成熟，它使人们将控制他人作为满足私欲的手段，甚至不惜以残酷战争和牺牲他人为代价来扩张自己的版图。这样的行为不仅触动了世界的魔咒，还是对人类福祉的严重背弃。

从历史发展来看，众多君王出于扩大领土、增强统治权的欲望，频繁发起惨烈战争，使得人类社会饱受磨难。他们从未考虑过如何为人类进步和福祉做出贡献。

进入当代的商业社会，人们对权力的这种追求行为同样存在。许多人将金钱视为武器，用它来践踏他人的生命和心灵，试图通过统治他人来获取更多的利益。这些商业领袖的行为与古代的君主无异，都被内心的权力欲望驱使。

我们必须保持自己不被这种统治权力蛊惑。真正的成功并非来自对他人的控制，而是来自对自身所处环境和命运的掌控。

若我们陷入竞争思维中，试图通过控制他人来实现自己的目标，往往会失去创造力和创新思维，变得过于依赖运气或投机取巧的手段。正如美国前托利多市市长詹斯先生所说："我自己如果想要得到某一样东西，必须让每一个人都可以拥有它。"这句话的意思是说，我们应该将个人的梦想与社会的福祉相结合。

为了实现这一目标，你必须昂首挺胸地展现出自信和决心。当拥有强大的信念时，每一次的交易、每一次的互动，甚至是每一个微小的动作、声调和表情，都在向世界传递着你正在变得富有的信息。

成为真正的富翁，不仅是在物质上，更是在精神上，你的信念和感受会自然而然地感染到周围的人。别人能从你身上感受到一种生命提升的气息，这种气息会迅速吸引别人，让别人愿意与你共同前行。在这样的契机下，你的事业将会蓬勃发展，赚到更多的钱。

开启认知改变：打造一个好形象

与人交往时，你需要警惕内心对权力的渴望与统治欲，不将控制他人作为满足个人私欲的手段。无论选择何种沟通方式，你都应遵循一定的原则和技巧，给他人留下积极进取的形象。

第十三问　为什么总是在穷忙

不将前途寄托在公司上

在工作中，每个人都应该致力于以高标准和尽责的态度去完成自己的任务。我们将渴望成功的动力和追求财富的决心倾注于工作的每一个细节，全身心地投入到每一项任务中。

不过，从职场的角度看，一位能够尽心尽力、恪尽职守的员工，对于雇主而言，无疑是宝贵的财富。这类员工的稳定性和专业性，使得他们在岗位上能够持续发挥价值，为公司带来长远的利益。因此，对于这样的优秀员工，雇主通常会倾向于保持其在职位上的稳定性，而非轻易对其进行提拔。

那么对于员工来说，该如何才能获得晋升的机会呢？这里必须明确一点：仅仅为了取悦老板而工作，或者过分期待自己的表现能受到老板的关注以获得提拔，这些都不是我们应有的工作态度。

作为雇员，我们要为了自身的发展而努力工作，而不是为了老板。当我们为了自身而努力奋斗时，无论是在工作过程中，还是在工作之余，我们都要坚定地相信自己可以不断地发展和优化，持续努力提升自我，实现个人能力的超越。

若一个人的能力远超过当前职位所需，且对自身职业目标有清晰、明确的规划，同时具备坚定的信念和决心，这种决心中隐藏的强大力量，不仅能够吸引同事和老板的注意，也能够感染那些与我们接触的人。即便这位雇员在当前职位上未能获得晋升，也必将在其他工作领域中找到发展的契机。

对于广大上班族而言，可以利用这些观念来提升自己的生活品质。不要因长时间未能获得晋升而感到沮丧，也不要因收入不足以满足支出而认为自己无法成为富人。相反，我们应该明确自己渴望的是什么，并在内心构建一个清晰的目标蓝图，坚定自己的信念和决心，积极地采取行动。

进取的人更易获得财富

没有人注定要为企业倾尽所有，或许只有那些丧失斗志、深陷绝望的人，或那些懒惰、不愿采取积极行动的人，才容易受到企业的诱导与操纵，甘愿持续为企业输出劳动力，却未曾去了解真正的财富积累之道。

在追求成功与财富的道路上，通过遵循特定的法则，指导自己的思考和行动，一种强大的内在力量就会悄然滋生。这种力量源自信念和决心的结合，使人能在众多的选择中，找到那个最有利于自身发展的机会。

无论外部环境与行业如何变迁，都无法阻挡我们追求发展的步伐。比如钢铁行业的就业无法带来经济上的丰裕，那就转向农业或其他潜在行业，或许能为我们开辟新的财富之路。如果众多员工都采取这样的行动，钢铁行业恐将面临严峻的挑战，从而钢铁行业的公司就会为员工提供更为广阔的发展机会，以维系其员工队伍的稳定性。否则，公司可能会迅速陷入破产的境地。

当然，机会并不总是以我们期待的方式出现。有时候，它们会以意想不到的形式降临，甚至可能看起来并不那么完美。但只要我们保持敏锐的洞察力，能够识别出那些比当前情况更好的机会，并且有足够的决心去抓住它们，那么我们就已经迈出了通往成功的重要一步。

对于那些不断发展和优化的人来说，只要保持进取，世界就会为他们敞开更多的大门，获得成功和财富就会成为水到渠成的事情。这并不是一种偶然，而是宇宙间最基本的定律。

开启认知改变：为自己好好工作

虽然恪尽职守并不意味着能获得等价的回报，但你不能因此放弃对工作的认真与热情。真正聪明的员工，工作并非为了迎合老板的期望，而是看重个人能力的提升与职业发展的长远规划。只有不断提升自我，你才能接触更广阔的天地，为自己赢得更大的舞台。

第十四问　致富之路阻碍重重吗

坚定致富的决心

在许多人看来，积累财富似乎遥不可及，他们认为只有社会与政府的大规模变革才能带来更加幸福、富裕的生活。然而，这种观点并不完全正确。尽管政府管理不当可能导致人们贫穷，但人们长时间陷入贫穷往往是因为没有掌握获取财富的科学方法。

如果每个人都能在实践中灵活运用我提供的知识，那么很多企业或组织都无法阻碍人们追求更加富裕的生活。相反，那些企业或组织还会顺应社会发展的趋势，不断完善和升级自身的管理体系，以适应人们日益增长的财富需求。

如果你怀揣着追求发展和优化自我的愿望，内心坚信自己可以成为富有的人，同时能坚定地朝着实现财富的目标不懈努力，那么我认为，没有什么能阻挡你获取更多的财富。随着这样做的人越来越多，便会形成一股不可忽视的力量，从而推动社会进行体制改革，为更多人实现财富自由做好铺垫。

如果大多数人都想通过竞争思维去追逐财富，往往会给周围的人带来痛苦和伤害。你不要被有限的资源观念误导，更不要让竞争思维占据你的心灵，哪怕只是一瞬间。无论何时，当旧有的思维方式试图蛊惑你时，你要迅速调整，及时纠正错误。因为一旦陷入竞争的桎梏，一个人与世界的联系就会被割断，创新的源泉也将枯竭，财富会离我们越来越远。

保持思维的创造性至关重要。一旦你开始运用创造性思维来引导个人生活与职业选择，就能超越各种机制的束缚，成为理想社会的一分子。那么无论政府实施何种管理体系，都很难影响你迈向富裕的步伐。

保持乐观的心态

无论在未来生活中会遇到何种障碍，只要遵循既定的法则行事，当这些障碍逼近我们时，它们要么会自行消解，要么能被我们轻松跨越。不必过分忧虑，因为当困难开始出现时，通常也伴随着各种解决方案。

一个真正美好和成功的人生，不应该沉溺于预测一些失败的可能性当中。绝对不要谈论那些消极的，会对自己的信仰、信念和信心造成毁灭性打击的话题。永远不要说出前途一片黑暗的话，也不要说出生活很艰难这样的话，不使用那些让人感到气馁或沮丧的句子来描述自己当前的处境。

我们可以谈论那些推动自己积极向上的话题，多使用一些积极乐观的词汇和句子来描述自己经历的一切。我们应该用成熟、乐观的思维来审视世界上发生的一切，以便自己保持心态稳定，并获得更大的成长。

当他人被竞争性思维束缚时，行动的时机或许真的不是很好，他的发展前途也许是真的渺茫。但对我们来说，不用担心会出现类似的情况。我们不会受到消极心理的干扰，并且完全有能力创造出自己想要获得的那些美好事物。所以当他人感慨生活艰难、挣钱越来越难的时候，我们却可以在不佳的时局中找到绝佳的发展机会。

我们永远都不要让自己陷入沮丧的情绪中难以自拔，也许你在某一刻会迫切地想要得到某一个美好的事物却不可得，这件事或许会给你带来挫败感，但坚定的信念和坚守的勇气，会让我们意识到失败不过是表象而已。实际上，那些看似失败的事件背后往往蕴藏着引导我们走向成功的契机。

我熟识的一位企业家，他始终遵循我的指导，积极参与实践活动。他曾深思熟虑，怀揣着并购另一家企业的强烈愿望，为此不惜花费大量时间精心策划和准备。然而，就在并购即将进入关键谈判阶段时，原本周全的并购方案却意外受挫。他感到似乎有某种不可名状的力量在与他作对，蓄意破坏他的并购计划。在遭遇困境时，他并未沉溺于消极情绪，而是以感恩的心态继续投身于工作之中。数周后，一个更为优越的并购目标进入他的视野。他深刻意识到，若先前完成那次交易，必将错失此次宝贵机会。此时，他顿然大悟，之前遭遇的种种挫折实则是生活赋予他的试炼。

人生之路，失败和挫折似乎是难以避免的。如果换一个角度来看待这些困境，它们其实可以成为成长的催化剂，每一个看起来令人沮丧的失败或挫折都是一次成长的机会。

我们无须担忧因天赋不足而失败，更不要因害怕失败而犹豫不决。只要坚定前行，当我们踏入某个领域时，所需的能力自然会得到锻炼和提升。勇敢地面对世界，从中汲取力量，追求自己的财富梦想。

开启认知改变：失败了也没关系

即使你的致富道路布满荆棘，也不要让自己陷入沮丧与失望的情绪中，那些看似失败的事件中往往隐藏着引导你走向成功的契机。

硅谷禁书：思维训练十五课，脑袋决定钱袋

第一课　营造和谐的内在世界

　　不少人都忽视了自己非凡的内在力量，总消极错误地认为自己是无力的，总希望从外在世界中寻求获得财富的力量和能力。实际上，最强大的力量一直潜藏在人的内心之中。一起来看以下 17 条内容吧！

　　1. 我们潜在的能量总是被自己不知不觉地忽略了。意识到这种力量的存在就是重新认识自己的前提。那么，怎样才能意识到这种力量的存在呢？首先，我们必须明白一点——我们一切的力量都来源于自己的内在世界。

　　2. 我们的内在世界虽然是无法触摸的，但却是真实存在的。它是一个由思想、感觉、力量等要素构成的极具能动性和创造性的神秘世界，你无法想象它强大到何种程度。

　　3. 我们的内在世界是由思想统治的。我们只有意识和探知到自己的内在世界，才能够从根本上解决那些使我们困惑不已的人生难题，进而就可以顺畅地解释产生这些难题的动因。一旦有效掌握了我们难以言喻的内在世界，那么，所有那些无往不胜的有关力量、取得成就与财富的规律或法则也就尽在我们的掌控之中了。

　　4. 人的内在世界是一座蕴含着无尽的力量、智慧、供给的巨大宝藏，它拥有无比惊人的潜能，它可以轻松地满足现实的一切需求。只要能够认识到并加以运用和释放这种内在世界的无限潜能，那么，由此而生的结果就会鲜活如实地反映在外在世界中。

5. 融洽的人际关系、舒适的生存环境、处理问题的高效和最佳的精神状态等这一切，都是由内在世界的高度和谐直接或间接映射到外在世界而表现出来的。同时，内在与外在的契合既是一切力量、健康和成就的充分条件，也是必要条件。

6. 我们完全能够控制自己的思想，在外来困扰面前，更加积极主动地去面对，而不是消极对待，这些也是内在世界和谐的表现。

7. 保持内在世界的和谐，这样我们就会变得乐观自信且能够不断进取拓展。在内在和谐世界创造的良好精神状态的明智引导下，我们也会体验到外在世界带给我们的满足和愉悦。同样的，外在世界也能够紧密而生动地反映出我们内在世界的变化和发展。

8. 我们内在世界中蕴含的高超智慧，能够迅速地帮助我们开启和释放内在世界中的潜能。

9. 我们一旦意识到内在世界中蕴含着惊人智慧，并能够合理运用它，那么我们就获得了把这种能量如实准确地映射于外在世界的能力。

10. 内在世界是源头，外在世界是支流。内在世界和外在世界是相辅相成的、共存的。我们在外在世界所体现的能力，取决于我们对这种能量源泉的认知。每一个个体都是这种无限能量的出口。

11. 内在世界是诞生一切能力的源泉，这是一个重要的、不容忽视的事实。你所处的环境、遇到的人和经过的事，也许会帮助你意识到眼前的机遇和需求。然而，只有着眼于内在世界，你才能拥有抓住机遇和需求的力量。

12. 每一个渴求上进的人，都会在内在世界萌生希望、热情、自信、坚强、勇气、友好和信仰等正面的愿望。进而通过拥有这些品质来开拓和完善自己的精神世界，在完善与强大的精神世界的引导下，人将获得非凡的能力，使自己梦想成真。

13. 生命并不是像表面看上去的那样简单地从无到有再到无的浅显过程，而是一个逐步深入、持续升华的多层次复杂过程。我们从外在世界获得的一切，包括财富、健康、人际关系等，都是我们在内心世界早就已经拥有的。

14. 我们的内在世界能否正确发挥作用，与和谐息息相关。因为不和谐的内在世界就会导致混乱无序的外在世界。所以我们要想有所成就，就必须与自然法则友好地相处，营造和谐的内在世界。

15. 很多人总是南辕北辙地在外在世界中追寻爱、财富与健康，事实上，它们都隐藏于人们的内在世界中。

16. 那些专注于内在世界的人，无疑会拥有战胜一切的优势，他们不会被轻易绊倒。这必将使他们的生命旅程美好、坚定且富有。

17. 什么样的思想就招致什么样的外部境遇，思想的改变导致人格随之改变，进而身边的人事物与环境也随之发生改变。内在的富足是外在富足的秘密，它吸引着财富来到你身边。改变内心世界的想法或许可以改变自己的人生，这是简单可行的、有效的致富方法。

开启思维训练：掌控身体的节奏

先找一个安静不受打扰的地方，放轻松，但不要放任你的身体，逐渐对你的身体实行完全的控制。让思绪自由地在内在世界之中徜徉。每次持续一刻钟或半小时，连续做三到四天或一个星期，直到你能够有所感悟，有所收获，达到一种美好的境界为止。

这个过程的快与慢是因人而异的，有的人不会很快进入状态，但也有人轻而易举就能做到。不要着急，只要每次都有进步即可。另外要注意，练习必不可少的前提就是控制自己的身体。

第二课　做思维的主人

在这个世界上，最为活跃而涌动不止的能量、最具不可思议的超凡创造性的就是人类的大脑思维。每个人的际遇都是大脑生生不息的主观思维在客观世界中的具体反映，是我们造就了自己的生活环境和经济水平。一起来看以下 15 条内容吧！

1.在本质和属性上，思想是一种活动，掌管着一切行为模式。人类可以"支配万物"的支配权是建立在精神基础上的。

2.我们以往的思维方式在很大程度上决定了我们每一次的选择，所以我们的选择并不是偶然的或随机的。我们只能在自己的思想范围以内做出选择，而不会做出思想范围以外的任何行为。这就是所谓的思路决定了出路，想法决定了方法。

3. 我们的思想自始至终在主导着我们的一切行动。从某种程度上说，我们的思想以及思维方式决定着我们的现状和未来。我们今天所做的一切对未来人生都影响深远。

4."你决意要做什么事，世界就必然会给你成就。"思维作用于无声之处，但它的成就却是非常显著的。其实一切可见的客观世界中的物体都是出自不可见的能量的创造。思想是动态能量的重要活动形式，它能够与客体相联系，并使生命能量视觉化，一切事物都是通过这种规律得以显现的。

5. 从本质上来讲，思想就是生命的原动力。只有把握了思想，才能把握环境和际遇，才能创造成功的条件，掌控自己的命运。

6. 思想有体现"善"和"恶"的能力，我们的思想若是建设性的、和谐的，我们就表现为"善"；相反地，我们的思想若是破坏性的、不和谐的，我们就表现为"恶"。

7. 无论是"善"还是"恶"，它们都不是实体，也没有固定的形态，不过是描述我们行动结果的词语而已，而我们的行动是由我们思想的性质决定的。

8. 那些破坏性的思想既伤害对方，也伤害自己。破坏性思想因自身的矛盾因素也会最终走向消亡，但在其消亡的过程中，它会把疾病、患难或者其他形式的不和谐带给我们。

9. 倘若你相信神奇的力量存在于生活中，并在你的生活中不断地尝试和实践这一真理，曾经在你头脑中闪现过的场景便会不时地出现在你的生活中。因为，你心中的思想已经映射了你的现实生活。许多人学习完这本书对我说："思想真的像一把利剑，可以在我们的生活中披荆斩棘，勾勒出一道美丽的风景线。"

10. 就像大海承载轮船一般，语言承载着思想，表达着思想。正如我们所知，水能载舟亦能覆舟，我们的言谈也必须特别谨慎。就像照相机一样，我们的心灵运用语言就好比是按动快门。如果我们草率地按动快门，说一些与我们的福祉相违背的话时，那么这些错误概念的影像就会在我们心灵的底片留下抹不掉的记录。

11. 语言能包罗一切的知识，令人赏心悦目。今天，我们拥有的这些文字是宇宙思想成形于人类心灵之中的表达。我们能够在语言中找寻到过往的历史，亦能够看到未来的曙光。通过书面语言的使用，回望过去若干个世纪，我们能够与历代最伟大的作家和思想家交谈。同时，语言又是充满活力的信使，因为有了它，就产生了一切人类和超人类的行为。

12. 思想必须靠语言表达，因为它是无形的，看不见的。假如要运用更高层面的真理，那么说话的时候，我们就要按照这个标准，慎重地、明智地选取得体的言辞。我们所运用的语言图像会随着我们的思想清晰程度、品位高低程度的提高而更加清晰明确，那些低级思想的错误概念就能渐渐地被我们摒弃，我们的生命显现得也就越多。区分人与动物的重要界限，便是言语的形式和组织思想的神奇力量。

13. 我们的语言是一种思想形式，每句话都是一个思想形式的综合体。言辞可以是不朽的精神殿堂，也可以是经得住风吹浪打的陋室。语言的精炼准确是一切文明的至高无上的建筑形式，是一切成功的通行证。我们理想的殿堂就是由言辞垒砌而成的。

14. 言辞之所以动人，是因为思想的美丽。思想的力量决定着言辞的力量，语言代表思想。赋予语言怎样的形式，最终在客观存在中就会对应地实现。为了让我们的理想美好而强大，那么我们就必须锤炼语言，做到三思而后言。

15. 任何行为都是由思想来引导的。为了得到满意的情境，我们首先应当具有相应的想法。能够过上富足日子的人，首先内心是渴望富足生活的。只有在思想上先变得富足，人们的生活才能真正迈向富足的境地。

开启思维训练：驾驭自己的思维

在上一课我们完成了主要针对身体进行控制的练习，接下来的训练就是控制自己的思想。找一个能够真正让你安静下来的地方，最好能跟上一次是同一个地点，让我们再一次进入完全沉静的状态。然后试着控制自己的思想，保留那些幸福、安详的感觉，远离那些担忧、焦虑的想法。经常做这样的练习，会让你懂得怎样控制自己的思想和情绪，怎样以一种良好的状态来面对人生。

首先要明确这个练习的重要性，如果我们控制不了自己的思想，那自然就控制不了我们的情绪状态，那么我们就会为生活中无穷无尽的琐事而烦恼、郁闷，以至于错过一些能够实现自我价值的机会。为了摒弃那些无足轻重的东西，为了让我们时刻保持清醒，为了不浪费我们的光阴，让我们的训练从今天开始，并坚持下去吧！

第三课　掌握自己的意识

　　思维有多广阔，财富就有多丰厚。运转思维是离不开显意识和潜意识的共同合作的，它们是两种平行的行为模式。"只是想用自己有限的显意识去说明整个精神世界的内涵和外延的行为，就如同一支蜡烛想去照亮整个宇宙。"戴维森教授如是说。一起来看以下 20 条内容吧！

　　1. 显意识和潜意识主导着我们的行为，外在的可变能量就是显意识，即客观意识；内在的可变能量就是潜意识，即主观意识。前者更接近现实层面，后者则更接近精神层面。

　　2. 如何区分显意识与潜意识呢？有位作家是这样区分的："前者是意志推理的结果，而后者是以往意志推理的累积结果产生的本能的欲望反应。"

　　3. 显意识是策划者，潜意识是执行者，潜意识能够执行显意识交付给它的一切计划和使命，二者珠联璧合，配合得天衣无缝。

　　4. 显意识是通过我们的感官对外在世界产生作用，是我们的意志及其所产生结果的动力源。它具有分辨、鉴别、选择以及推理的能力，其中可以把推理能力如归纳、演绎、分析、推论等开发和拓展到更深的层次。

　　5. 思维的质量取决于显意识的思想的质量。我们的显意识所抱持的想法的品格决定着思维的品格，其特性决定着思维的特性，从而决定着将导致最终结果的人生遭际的特性。我们能够辐射出的能量越多，我们就会以越快的速度把令人不快的境遇改造成令人快乐、受益的源泉。由此可以得出，我们所要做的一切就是增强我们的"电量"，使我们内心的光芒照亮四面八方，抚慰万千苍生。

6. 显意识能够引导潜意识活动，它充当着潜意识的监护人，要为潜意识所引发的行为承担后果。

7. 潜意识处于我们意识里较深的层面，若是接受了一些错误信息，就会直接反映到大脑，进而影响到我们的现实行为。然而，显意识就是充当门卫的作用，在潜意识接受之前便把这些错误、负面的信息，如恐惧、焦虑、疾患以及冲突等统统挡在门外，从而保护我们的行为。

8. 与此同时，作为潜意识的监护人及门卫的显意识也并不是万能的。它总会有擅离职守或判断失误的时候，尤其是在异常复杂的情况之下。此时的潜意识，就会对所有的信息和暗示敞开大门，很多负面的、错误的信息就会趁机长驱直入，尤其是在情绪激动或受刺激时，这种情况发生的几率会大大地增加。这样的结果就是制造出很多负面的东西，比如自私、贪婪、恐惧、憎恨、自暴自弃，甚至是长时间的悲伤压抑。

9. 潜意识只从现有的前提下进行判断对错并得出行为的指向，它本身并不具备推理证明的能力。若提供的前提是正面的或正确的，潜意识就会得出正确的判断和正确的指向；若提供的前提是负面的或错误的，潜意识得出的结论就是错误的，产生的行为指向也是错误的。只有通过显意识把关，才能防止这种错误判断的发生。

10. 除了能够判断现有的前提之外，潜意识是从来不去判断它接受的信息正确与否，更谈不上让它更正这个前提并在此之下引导行为。然而，我们所处的现实境况所带来的信息并不都是正确的。若是错误的，潜意识的判断行为就会误导我们的人生轨迹。

11.潜意识一旦接收到信息,就会按照它自己的规则运作,得出它的判断,反应很迅速。而它的规则就是我们作用于外在世界的所有行为的动力之源,这也就是我们为什么要去探究它的原因。

12.潜意识引导我们的思想过程、品位,还有对生活的态度。它从我们的记忆库中提取我们所需要的一切信息,如人物、场景以及时间。潜意识无时无刻不在注视着我们的生活。它的价值是显意识所无法比拟的,是非凡的。

13.只要了解了潜意识的运行规则,就会发现生活中有太多的地方都能实践这种规则。举个例子,比如一个你原以为可能很艰难的谈判,但随后由于一个合适的话题,或由于某个契机,谈判圆满结束了。再比如,当你面对可以预见的很多困难一筹莫展的时候,突然发现自己可以自然而然地另辟蹊径,扭转了当前的不良处境……事实上,只要掌握了潜意识的规律并能很好地利用它,就能够顺利化危机为转机,机智地应对各种各样困难的局面。

14.在物质层面来讲,潜意识是生命得以维持的必要条件,在大脑正常运转中也发挥着十分重要的积极作用。这些都是取决于潜意识具有的宛如天生的本能,如心脏的跳动、血液的循环等。

15.在心灵层面来讲,人的理想、抱负和想象都是起源于潜意识。它能够激发出人源源不绝的内在力量,是连接精神世界与物质世界的强大纽带。

16.在精神层面来讲,潜意识有着强大的记忆储存功能,好比一个巨大无比的仓库或银行,可以存储人生中所有的认知、思想和情感。它十分有助于发展人的智力,能够极大激发人的创造力,使人的思维敏捷,精力集中。

17.潜意识可以激发人们独特的创造性,这种创造性通过我们的思想反映出来,并付诸行动,进而改变我们还不甚理想的现状和处境。只有清楚地认识到潜意识中蕴含着巨大的能量,并坚信我们可以大力开发自己的潜意识，才能够使我们的生命力量与之相结合，才能使我们的人生更充实、更绚丽。

18. 潜意识就是显意识的镜子，会分毫不差地回应显意识的意愿。让你的潜意识发挥你所想要的功效，最简单的方法是什么呢？这说起来很简单，那就是让你的内心关注你所向往的目标。只有当你真的把内心关注点集中起来的时候，潜意识才开始为你服务。

19. 显意识会让我们刻意地去做一些事，只要我们把它们变成自发的意识或潜意识，就可以把我们的自我意识从中解放出来，进而可以关注其他。习惯渐成自然，在新一轮的回合中，这些新的行动又渐渐变成了自然轻松的习惯，继而成为潜意识。这样，我们的心智可以再度从这一细节中解放出来，进一步投入到新行动之中。实际上，显意识转变为潜意识的过程就是从刻意到自觉再到习惯的改变，也就是形成习惯的过程。

20. 思维有多广阔，财富就有多丰厚。当我们想要拥有财富时，首先需要有关于财富的显意识。这并非简单的幻想，而是一种深入骨髓的渴望。我们要坚信自己有能力创造和积累财富，让这种信念渗透到我们的潜意识中，成为我们行动的动力。总之，将显意识转化为潜意识是一个长期且持续的过程，我们需要不断地努力和实践，才能够实现我们的财富梦想。

开启思维训练：引爆你的潜意识

取一张人像照片，坐在座位上，姿势端正。这时你认真观察手上的这张照片，从照片中人的眼神，到他的面部表情，到他的衣着打扮，包括他的发型设计等，坚持10分钟以上。然后，拿走照片，闭上眼睛，尝试着在心里勾勒这张照片的所有细节，如果你能在心底清晰呈现出照片，那么你的尝试就告捷；如果不能，就请你继续反复尝试，直到达到这种效果为止。

　　这个练习的主要目的是教你学会控制情绪、态度和意识。

第四课　将目标视觉化

人们运用潜意识来开发无限的潜能，就仿佛用一把万能金钥匙打开未来之门，它将带给你不可胜数的挑战和惊喜。思想、精神等潜意识就是人类取之不尽、用之不竭的巨大宝藏，是伟大的造物者赋予我们珍贵无比的财富。

本课将直观明确地阐述这种神奇的力量，具体细致地讲解自觉地利用这种能量的方法。一起来看以下 10 条内容吧！

1.运用潜意识的第一步是要在心中设定一个清晰的目标，目标可大可小，但一定要是你十分愿意并确实能够为之付出努力的。你先要在心中画一幅栩栩如生的精神图景，将目标视觉化，一定要极其用心描绘，绝对不能漫不经心地信手涂鸦。

2."视觉化"是一个很生动形象的说法，同样也是一个非常行之有效的方法。赋予抽象的事物以形象，在头脑中为它画像，仿佛它就在你眼前，能够看到它、触摸到它一样，这就是我们说的"视觉化"。当精神图景在你面前展开，所有细节清晰可见，环环相扣。运用这一方法，你就能够看到一个趋于完善，极其迷人的画面。

3.先要胸有成竹，才能画出逼真传神的翠竹。当工程师计划挖一个深渠时，他首先要确定许许多多不同部分所需要的力。当建筑师计划盖一幢宏伟建筑时，他必须预先在心中描画好每一个线条和细节。无论你要做什么，都是要在详细计划的基础上才能真正做好。

4.精神图景一定要绘制得非常具体、清晰透亮、轮廓鲜明，每一笔都要勾勒得很清晰美好，有一种呼之欲出的感觉。不要考虑成本，不要为画布够不够大、颜料是否充足的事忧心，不要让自己的思维被局限。你应该尽情地从无限中大量吸取能量，在想象中大胆地构建它。勇于放开思想的缰绳，让它自由奔放地驰骋，设想一个毫无限制的宏大图景。

5.接着要将这幅动人的图景深深地植入心中，然后充满信心地按部就班、坚持不懈地努力去实现。你每付出一分艰辛，目标就会多向你靠近一步。虽然很少有人愿意付出这样的努力，但这是必不可少的劳动，而且是艰辛的精神劳动。一分汗水，一分收获，这是永恒的真理。可是仅仅知道这样一个事实对你用处有限，你还必须将它转化为行动，付诸实践。

6.在播种之前，你一定要明确你将来要收获什么。同样，在行动之前，你一定要明确地知道自己的目标在哪里，知道自己应该朝哪个方向前进。这样，你才会明白，未来已经为你准备了什么。千万不要在没考虑清楚的情况下就盲目行动，这样将使你越来越远离正确的轨道。假如你不知道该往哪里走，不知道朝哪个方向努力，那么就先停下来仔细思考。不要以为这是浪费时间，因为明确的目标和周详的计划才是事半功倍的前提保证。此时，你一定要让自己平心静气，慎重考虑，一步一步地展开逐渐清晰宏大的画卷。先是一个非常模糊的总体规划，但是已经成形，轮廓也已经出现，继而是细节的描绘。你的能力会循序渐进地获得增长，直到你能够详细地阐述你的宏伟蓝图。让它在现实生活中得以实现，这正是你最终的目的。

7.人类的思想具有极强的可塑性，可以按照主观意愿将它塑形。如果你想建造一所梦想中的大房子，那么首先你要在头脑中给这所房子画像。不管是巍峨壮观的高楼大厦还是优雅静谧的田园庭院，其风格无论富丽堂皇还是平淡朴素，都由你自己做主。你的思想就是一个可塑的模具，而你心目中的大房子最终就是从这个模具中诞生的。

8. 尽管绝大多数人都喜欢新鲜，厌恶重复，但是重复是一件十分重要而又必要的事。只有不断地在头脑中重复展现和描绘精神图景，它才能够变得清晰无误、精彩动人。重复不是无用功，每一次重复的过程都会使图景比先前更加生动清晰，而图景清晰准确的程度与它在外在世界中的展示成正比。

9. 思想的表现形式体现为视觉化的图景，思维的过程在心灵中留下的印记便形成了观念和理想，同时这些观念和理想进而又形成了计划。在心灵中绘制一幅成功的图景，有意识地把你的目标视觉化；在心中坚定一个理想，直到你心中的幻影变得清晰起来。假如你想要实现心中的理想图景，就要在前进步伐的推动下，使它通过科学的法则来实现。

10. 不论你的意念是集中在一朵鲜花上、一个棘手的商业方案上，还是在健康上、理想上或是人生的其他种种问题上，视觉化都可以令精神世界异常真实地展现在你的面前。那么，你要做的是学会心神的集中。一切的成功，包括实现财富自由，都是通过把意念恒久地集中于某个看得见的目标而实现的。

开启思维训练：绘制精神图景

把你的一位朋友在你的脑海中视觉化。平心静气，回想你最近一次见到他时交谈的情景——他的外貌特征、衣着打扮、言谈举止。直到你的头脑中清楚地出现他的形象，完全和你最近一次看到他时一样。看那屋子、家具，复刻你们对话的场景，最后看他的脸庞，仔细清楚地观察。然后就某个共同感兴趣的话题和他展开交谈，想象他的表情变化，你做到了吗？尝试激起他的兴趣，告诉他你的一次历险过程，想象他的眼神中的变化。你能做到这些吗？如果做到了的话，那么你的想象力很好，取得了了不起的进步。

第五课　专注！别再低效努力

　　有多少人在终日奔波中，匆匆地、忙碌地度过自己的一生。他们如此的身心疲惫，却做不出任何的成就。为什么会这样呢？那是因为他们的努力漫无目的、毫无方向，他们只是在浪费生命，浪费想法和精力，所做的都是无用功。他们倘若能够朝着愿景中的某些特定的目标努力，那么结果就会截然不同，他们会获得成功与财富。这便是集中意念、全神贯注的力量。一起来看以下 14 条内容吧！

　　1. 意念的集中能够激发潜意识，并引导它的方向，驱使它实现我们的意图。集中意念的关键不是考虑某些想法，而是把这些想法转变为有实用价值的东西。

　　2. 在人类精神文明的发展过程中，一个至关重要的环节就是学会集中意念、全神贯注。你越是专注地对待一件事情，结果就越会超乎你的想象。所以，那些希望获得成功的人们的首要功课，就是做到意念集中，这也是他们通往幸福之旅必备的条件。

　　3. 我们知道，放大镜能够聚焦太阳的光线，但是如果把放大镜晃来晃去，光柱不断移动，这时的放大镜就不会产生任何能量，只有当它静止下来，才能把光线集中于一点，之后就能看到奇妙的效果。意念的集中就如同放大镜。

4. 学习需要成年累月的集中精神，许多伟大的发现都是持久观察的结果。持续的意念集中意味着思想不间断的、平衡连贯的流动，这需要在一个持久、有序、稳固、坚韧的体系下才能完成。

5. 如果你的思维游散、飘离，那么就导致思想的能量无法集中，自然也就难以成就任何事情。所以只要你全神贯注，对准一个目标笃定地坚持下去，那么只要有合适的时机，你就能够获得你想要的成就。

6. 也许你会轻蔑地说："原来成就是如此简单的！只要集中精神就好了。"这无疑是忽略了锁定目标的重要性。随便将意念集中在一件事物上，你肯定难以办到，会不停地走神，不断回到最初的目标上，每一次都等于前功尽弃，以致到最后毫无收获。原因是，你的注意力根本没有完全集中到这个随便的目标上。

7. 尽管我们通过集中意念、全神贯注，就能克服和解决前进路途中遇到的种种挫折和困难。但获取这种奇妙能力的实现途径只有一种——熟能生巧。所有事情都逃不过这唯一的途径，无论是难或易。

8. 尽最大可能把注意力集中到一个主题上，同时不让自己精疲力竭，才能果断地消除一些游移不定的想法。不在任何一个无益的目标上浪费时间或者金钱，这才是最睿智的做法。

9. 许多的成功，都是通过把意念恒久地集中于某个看得见的目标而实现的。

10. 专注是指心无旁骛地做某件事情，是一种至高的境界。倘若要想做到这一点，那么你必须在某一特定的目标上聚集你的精神能量，排除一切杂念的干扰。

11. 只要把注意力全部投入在你的目标上面，只要专注于思考，那么你头脑中便会出现其他与它们相和谐的想法。专注，能使你提高效率，能使你明确目标，更能使你成就非凡事业。

12. 意念的集中能帮你打开疑惑、软弱、无力、自卑的镣铐，让你品尝到征服的乐趣。在一段时间内高度集中意念，加上对实现与获取的长久渴望，会比成年累月的被动、缓慢、常规的努力更加有效。

13. 有心栽花花不开，无心插柳柳成荫，所以完全放松下来，才会拥有力量。不要有意识地为实现目标而努力去做什么，而是要集中精神意念，凝神思考，使你的意念完全与目标合二为一，直到你意识不到别的东西存在，你就拥有了力量。

14. 境由心生，把意念集中在你想要的情境上，从而在现实中引发这种情境，如果能够再付出适当的努力，那么就会推动这种情境，最终这可能会帮助我们实现自己梦想的际遇。如果你渴望自己成为一个富翁，那就以此为目标，全力以赴，终有一天你或许会成为一个名副其实的富翁。

开启思维训练：集中意念，全神贯注

找一面空白的墙壁，坐在它的对面。在意念中，用黑色的笔，先画一条大约6英寸的水平线，试着看清这条线，就像画在墙上一样。接着再用意念画出两条垂直的线，分别与前面的那条水平线的两端相连。然后再画一条水平线，与那两条垂直的线连接起来——形成一个正方形。试着看清楚这个正方形。看清以后，在正方形中画一个圆。在圆心画一个点，然后把圆心的点向你自己的方向拉近10英寸。现在，你在一个正方形的底面上做出了一个圆锥。你应该能记住这个圆锥是黑色的，再把它变成红色、白色、黄色。假如你能够做到的话，那么你已经取得了很了不起的进步。

这样做是为了锻炼你的专注力，坚持下去，过不了多久你就能够做到在心中所想的一件事情上集中意念、全神贯注了。可以想象，倘若你有一个目标已在思想中极其清楚地成形了，那么离你实现它的日子不远了。

第六课　发挥渴望的力量

　　渴望是一种强大的行为模式。热切的渴望加上意念的集中，导致一切精神发现和精神成就。对财富的渴望越是热切持久，就越可能实现财富自由。一起来看以下 7 条内容吧！

　　1. 渴望大多是潜意识的。潜意识的渴望能够激发内在的力量，使困难迎刃而解。渴望，加上意念的集中，可以帮我们了解自然界的一切秘密。

　　2. 理想并不是虚幻的，而是实实在在的，通过努力就可能达到的。把一颗种子种在土壤中，只要不破坏它，它就会发芽长大，结出果实。把我们渴望的某一件特定的事物，作为一个已经存在的事实，让它在宇宙主观精神上留下印记。我们首先要相信，我们的渴望已经实现，接下来就必然是看到它的实现。于是，我们就可以在绝对的层面上进行思考，排除很多相对的条件或限制，尽最大的可能去实现我们的理想。

　　3. 有一个让自己为之奋斗的理想，是使自己成功的前提。因为只有确定了目标，才知道自己的方向在哪里。只要心中有了理想，那么你就能找到实现理想的途径与方法，但万不能把达到目的的途径误当作终点，把方法错当成目的。

　　4. 当你的心中产生某个理想时，伴随着它产生的是你为之努力、付出艰辛的决心和态度。因此，理想代表着一种决心、一种态度。

5. 所谓理想，就是因为它具有稳定性和确定性。它不是每天都可以换的衣服，因为频繁的更改只会将你的力量耗散，使你的内心想法变得混乱不堪、毫无意义可言，最后导致你的失败。这就好比雕塑家在获得一块上好的大理石之后，本想用它来雕塑一座宙斯的神像，然而还没雕出轮廓，他便改变主意，又想雕塑一个美女，没凿几下他又想不如换成植物。如此这样不停地更改，结果只是什么也没有雕成，还浪费掉了上好的原料。

6. 成功的必要条件——坚定不移的理想。理想是一种精神作用，它先于行动和事件。你可以把精神与能量的华服编织到整个生活的锦缎上，与之融为一体。由此，你能够过上充满快乐的生活，免除一些苦难，可以产生积极向上的能力，将富足与和谐极力吸引到你的身边。如果你忠实于自己的理想，那么当环境适合实现你的计划时，你将听到心底发出清晰的召唤。而这样做获得的成果，将与你对理想的忠实程度成正比关系。

7. 无论理想看起来是多么的遥远，但它一直用种种恩惠环绕着人们。而这些恩惠同时也是对过往忠诚的酬报，对未来勤恳耕耘的激励。我们的愿望只需要意念灵动，加以精神的运作就可以完成。你越渴望，它实现得就越快，一切供应都是由需求创造出来的。

开启思维训练：铸就信念之力

只有当你深信自己能够达成目标，才能够克服一切困难，实现自己的渴望。渴望，需要你用信念去滋养和支撑。

给自己定一个口号宣言，每当你感到迷茫、疲惫或动摇的时候，大声读出来，让那坚定的声音在内心回响，成为你坚持的动力。它可以是简单的几个字，也可以是富有哲理的一句话，但无论如何，它都要能够触动你的心灵，让你在关键时刻，能够从中汲取力量。

信念的力量是无穷的，它能让你超越自我，突破极限，实现自己的理想。

第七课　激发高品质的想象力

思想是行动的前提和动力，倘若思想是和谐的、具有建设性的，那么结果将很大可能是美好的；倘若思想是破坏性的、嘈杂不堪的，那么结果一定是不幸的。思想是善与恶、幸与不幸的奥秘所在，这一切全都是由思想来主宰的。

种瓜得瓜，种豆得豆，持有破坏性的思想不放手，收获的必将是难以下咽的苦果。一起来看以下 12 条内容吧！

1. 每个人的思想都可以天马行空般自由地驰骋，但所有持久的想法都会在个人的性格、健康和外在环境中产生相应的结果，这是万事万物必然遵循的一条永恒的定律。

2. 努力地寻找到某种方法，能够使建设性的思维习惯取代那些给我们带来不利效应的思维习惯，这一点至关重要，并且人们总是自觉地朝着实现这个目标努力。

3. 如同和谐的乐曲能让人心情愉悦，而不和谐的音符则异常刺耳一样，和谐能提高效率，实现共同进步，而对抗则产生内耗，这是很浅显的道理。建设性的思想必定是创造性的，创造性的思想必定是和谐的，那些破坏性的或竞争性的思想会被它们取而代之。

4. 乔治·马修·亚当斯留给我们这样一句话："学会关上你的大门，不要让任何不能给你的现在和未来带来明显益处的东西进入你的心灵、你的工作、你的世界。"其中的道理是真切实在的，因为所有的人都很有必要培养一种有助于建设性思维的心态。有些想法是有价值的，它能够生长、发芽，进而结出丰硕的果实，那么我们必须保留它、珍惜它、发展它。有的想法是有破坏性的，那么在绝大多数时候都只能招致混乱与不和谐，于人于己都毫无用处。因此，我们要毫不手软地剜去由这些想法所形成的一个个毒瘤。

5. 如果导演找不到优秀的剧本，那么也就无法拍出精彩的片子，而这至关重要的剧本则是来自奇特的想象力。如果把未来比作一部片子，而我们的未来就是来自这样的想象力。也就是说，理想的引发需要在培养想象力的帮助下进行。

6. 事物是由伟大的思想创造的，物质世界中的事物就如制作陶器的软泥，由思想将它塑造成形，而这项工作的完成必定要借助想象力的巧妙运用。为了培养想象力，我们是有必要做一些练习的。

7. 我们身体的肌腱需要坚持不断地锻炼，才能变得更加结实健美。对精神来说，同样需要锻炼，需要营养，才能茁壮成长，持续进步。

8. 一切建设性的行为都有想象力作为先导，这是因为想象力是思想的建设性形态。想象力是光，这道光为我们照亮了一个崭新的思想世界。想象力是一种高度可塑性的能力，它把感知到的事物塑造成新的形态和理念。想象力是一个强有力的工具，几乎所有的探险家、发明家都是借助了这一魔幻般的工具来开辟一条通往经验宝库的大道。

9. 想象力和幻想之间有本质上的区别，切忌混淆想象力和幻想，或把它和白日梦等同起来。做白日梦是一种精神的挥霍浪费行为。

10. 虽然精神世界中最活跃、最有创造性的一分子是思想，但倘若思想缺少有意识的、系统化的和有建设性的引导，也不会有任何创造。这就是空想和建设性思想的差异。建设性思想能带来创新和创造，带来成功，而空想只是蹉跎光阴，浪费精力。

11. 建设理想所用的材料是思想，而想象力就是理想的精神工作室。心灵是它们用来把握周边环境和人物的不竭动力，是筑造成功的阶梯，而想象力正是诞生一切伟大事物的母体。

12. 建设性的想象力是最为艰辛的劳动，这是一种高强度的精神劳动，但它的回报也是最为丰厚甜美的。倘若企业家在他的创业中没有想象力，那么他就无法建造一个拥有上百个分公司、若干员工、上百万资产的大集团公司。因为上帝会把生命中一切最美好的事物都赐给那些有能力思考、想象，并为自己的梦想成真而拼搏奋斗的人们。

开启思维训练：形成分析任何想法的习惯

精神是抽象的、无法碰触的，所以你很难掌控精神，但并非完全做不到。做个练习：从这一秒钟开始，当你产生某种想法时，先判断自己的这种想法是否有必要存在。用分析的态度细致观察，彻底剔除脑海中的那些破坏性的思想，然后用建设性的思想取而代之。试试看，这个办法不错。

第八课 知其然，知其所以然

有什么样的原因就会产生什么样的结果。原因和结果天生就是直系血亲，从不分离。不了解事件因果关系的人，经常被自己的感受和情绪牵着鼻子走，从而做出错误的判断。若是成功了，则只顾着庆幸而不总结经验；若是失败了，就埋怨别人抢走了他的好运气。

在许多情况下，你都能通过把握事件的原因来控制局面。学会不偏不倚地思考问题，把"凡有果，必有因"的道理铭记于心，学会根据精确的事实制订计划。这样倘若你经商赔本了，就不会埋怨运气不好，而是去找经营的漏洞，生意很快就会扭亏为盈。一起来看以下 14 条内容吧！

1. 因果循环，有因才有果，无风不起浪。然而在现实生活中，很多人都只注重结果，而忽略了最关键的原因。这是由于"因"隐藏在过程之中，是潜在的、不引人注意的。而"果"则是显现的、引人注意的。

2. 事实上，由一长串的因果关系链组成了人们似乎漫长的一生。无论是哪一个"果"，都会有相应的"因"。而原本的"果"也可能反过来又成了"因"，从而导致其他的"果"，同时这些"果"又可能成了其他的"因"。

3. 因果关系是环环相扣的，无论中间的哪一个环节出现了问题，整个链条都会断掉，因而无法运行。只有掌握了因果关系并能够正确地运用它，你才会受益无穷；反之，受害无穷。

4. 因果关系链脱节的人常常会发出这样的抱怨，"我现在的生活真是惨透了，这根本不是我自己想要的结果，我未曾想要看到这样的结果。"这正是因为他们没有认识到自己心中的想法不仅不会带来益处，甚至还会影响到自己的境遇。而这一切反过来又会成为他们对现状产生抱怨的理由。

5. 在任何一个文明国家中，人们都是通过某些过程来获取一些结果，但由于他们只知其然而不知其所以然，所以常常为这些结果附加一些神话色彩。探求使结果能够得到实现的规律，这就是我们找出原因的目的。

6. 归纳法是通过对事实的比较得出结论，它是一种客观思维的过程，是人类最伟大的发明之一。正是因为人们运用这种研究方法，把很多独立的例证进行相互的比较，然后从中找出引发它们的共同原因，人类才得以发现了大自然中的许多规律，也正是这些发现，造就了人类历史上划时代的进步。

7. 比较异同和找共同点，是归纳推理法的两个要点。只要掌握了这两点，那么你就可以熟练地运用这种方法了。

8. 在归纳推理法中，用规律、理性和确定性替代并消除了人类生活中变幻莫测的成分，它帮助我们避开愚昧迷信布下的圈套，走进智慧的领地，成为智慧超卓的人。

9. 归纳推理法就是我们尽忠职守的门卫，绝对不会允许虚假、混乱的表象进入我们的思想，混淆我们的视听。

10. 归纳推理法有助于我们增强自己的能力，获得那些尚待撷取的成果。它有助于我们通过运用精神最纯粹的形式，找到解决个人和宇宙一切问题的答案。在它的帮助下，我们人类就可以大踏步地前进了。

11. 那些有着上帝特别赐予的好运气的人，在其他人需要艰苦跋涉也不能达到目标的时候，却可以毫不费力地达到了。他们无须进行良心的交战，因为他们总是走在正道上，行为举止总是恰当得体，无论学习什么都是轻而易举；他们无论开始做什么，总能窥其堂奥，轻松完成；他们和自身保持着和谐，不需要追悔自己的作为，也不需要经受困难或辛劳的考验。事实上，这只不过是因为他们掌握了归纳推理这种方法的精髓，而并不是什么所谓的命运。

12. 当你如愿以偿地赢得了胜利，你也要弄清楚自己为什么会胜利。这是因为没有人能随随便便成功，任何事情的发生都有一个明确的原因。看到别人成功的同时，也要想想他人为之付出的汗水与艰辛。

13. 知其然，更要知其所以然，轻松自愿地跟随真理的脚步。把每一个问题的因果关系都分析透彻，并能充分恰当地做好自己应该做的事。如此，无论是友情、爱情，还是荣誉、财富，都会投进你的怀抱，收获到的将是这个世界真情无私的回馈。

14. 与肉体一样，精神也会因过度操劳，而感觉倦怠。倘若精神倦怠，就会无法前进，无法再进行实现意识力量的工作了。因此，我们必须经常寻求适时的寂静，在寂静中我们才可得以安宁。当我们安宁下来，我们才能好好地思考，而思考正是一切成就的奥秘。力量是通过休息得以恢复的，所以请不要忘记让你的精神也休息一下，因为欲速则不达。

开启思维训练：在寂静中思考问题

为什么很多商业人士都要求有一间单独的办公室？这是因为，真理通常在寂静中获得。伟大的心灵常常喜欢独处，在这里他不会受到外界的干扰。许多生命的重大问题在静默、独处中得以解决。

如果你没有这个条件，至少要找到一个可以每天独处几分钟的场所，在那里训练你思考事物内在逻辑的能力，最终可以让你战无不胜。

第九课　扫除一切消极思想

任何思想都可以在我们的潜意识层中生根发芽，对我们的精神世界产生作用。但是，思想的种子不一定都是健康的种子，它可能会结出令你非常失望的不良果实。一起来看以下 14 条内容吧！

1. 从本质上来讲，思想是一种高级的精神活动，它给人类带来超乎想象的创造能力。而这种创造力是全部思想的共同结果，并不仅仅局限于部分的思想。所以，假如把一个法则安置在"拒绝、否定"的心理过程当中，那么，一些非积极的因素就会影响或误导我们。

2. 生活中的不尽如人意的事情，容易引发人患上各种各样的疾病，这些疾病虽然表现形式有所不同，但究其原因，通常都是由于我们人类自身没有屏蔽或消除多种负面情绪的能力，例如恐慌、犹豫、焦虑、烦闷、嫉妒、厌恶等。

3. 当那些愤怒、沮丧、失望等负面情绪来骚扰我们时，我们就会因此而抗拒或否认，那么此时为了使负面情绪从我们的思想中消失殆尽，我们就会把思想中的创造力不自觉地抽离出来，而且很难再次激发创造力。

4. 许多人将自己的注意力连续不断地投入到令其不满的场景或情形当中，但正因为如此，这种不良的消极情绪能够在我们的思想中极大地发挥和蔓延，进而促使自身能量及活力在顷刻间荡然无存。

5. 一定的"因"就会产生相应的"果"。如果过多的消极因素占据我们的思维，就会为病痛、失败、颓废、虚弱无力所累。归根结底，我们的所思所想决定了我们将获得的。

6. 当我们面临令人悲观、失望的情形时，事物本身不会因为我们始终沉浸于此而有任何改变。因为我们要相信这样一点，人类的思维本身控制着人的任何行为。比如说，当一棵大树被连根拔起时，虽然能保持一段时间的葱绿，但最终免不了慢慢枯萎死去。人的思想亦然，要想与坏情绪做彻底地告别，那么我们就必须真正地从消极的或负面的思想中解脱出来。

7. 我们应该不断反思自己的思维方式，衡量是否存在着问题，把不良的诱因扼杀在萌芽状态。因为意识自身所产生的负面作用很可能在我们还不了解它的作用时，就已经在我们的机体中集结了庞大的敌对力量，将我们思维中的印象作为种子，种植在潜意识的土壤里，并随时幸灾乐祸地准备收成。

8. 我们的大脑在生活中也遵循这样的工作法则。大脑受控于我们的心态或精神，如果我们将不良的图景或信号导入大脑并被主观意识所接纳，那么我们的身体也会接收到同样的信号，并逐渐衰退。因此，不时地将健康、积极、主动的思想导入大脑中，我们才能拥有强健的身体。

9. 那么，人们在疾病面前是不是就无能为力了呢？很显然，答案是否定的。当我们努力做到将意念中的消极因素逐步减少直至消除时，我们就相当于给体内那些用于清除毒素的神经和腺体穿上了一件防护外套，使它们能远离恐惧、忧愁、焦虑、苦恼、嫉妒等健康大敌的侵害。这样一来，这些腺体和神经也自然能安心地进行体内毒素的清除工作了。一旦体内毒素得到了很好地清除，人类的延年益寿这道难题也就不攻自破了。

10. 我们依赖知识而生存，只要我们借助知识，就可以更有效地控制和调节我们的性格、情绪、力量乃至机缘，我们就会更加确信，人类现在的健康状况是过去思维方式与习惯的结果。一定不要忽视知识在我们的生活中的至关重要的作用。

11. 万事开头难，坚持就是胜利，不要放弃。很少有人一次成功，相信自己会越做越好，不论是做这件事情，还是做其他事情，都要如此坚持。不光如此，你还要驱除、消灭、彻底摧毁心中一切的消极负面的想法，并一直坚持下去。因为这些负面想法会使生命的乐章变调，它们是你心中持续不断地产生各种各样不和谐状况的种子，是一颗定时炸弹。

12. 具有强大思想能量的消极情绪，如恐惧、焦虑、气馁之类，它们会袭击我们，常常使我们进一步而退两步，与渴望的东西越来越远。可见，若你追求财富，那么消极负面的思想最终会表现在物质财富的损失上。那么，不断前进就是唯一避免后退的方法。

13. 与焦虑、恐惧等一切负面的想法相比，我们不如代以积极向上的信念。那些抱持消极、悲观想法的人，最终只能收获自己种下的恶果；而乐观的人却能沉浸在他们收获的成功与欢乐中。

14. 闭上眼睛，暂停思考，完全彻底地放松下来。然后，远离憎恨、愤怒、焦虑、嫉妒、悲痛、烦忧、失望等一切不利的精神因素，那么无比的轻松便随之而来。

开启思维训练：给思想做"大扫除"

怎样摒弃一切消极的念头？又如何抱持令人振奋的好想法

呢？下面就开始我们的练习。人是自身思想的总和，刚开始或许你不能阻止坏念头的侵入，但你可以不去理会它，拒绝它的唯一方式就是忘却，这意味着找一些东西替代它。

光明可以打败黑暗，温暖可以除去寒冷，善良可以战胜邪恶，一切美好的事物会让邪恶自惭形秽，退避三舍。当愤怒、嫉妒、恐惧、焦虑等思想病毒偷偷摸摸地潜进你的脑海时，请开始运用你的意念吧。

把意念集中在你的目标上，把没有实现的目标当作既成事实。比如你希望消除恐惧，就把意念集中在勇气上；你想要消除疾病，就把意念集中在健康上；你希望消除匮乏，就把意念集中在富足上。这正是利用引发"因"的生命法则，诱导、指引建立起必要的关联，最终使你在物质形态上实现目标。

第十课　种下心中的"太阳"

太阳不需要外来的光和热，是因为它自身拥有着光和热。心中拥有"太阳"的人，总是忙于向外界辐射自己的勇气、信心和力量，他们以期许成功的心态把障碍砸得粉碎，跨越了恐惧在致富道路上设置的重重障碍，如此就没有什么可以阻挡他们迈向成功了。一起来看以下 13 条内容吧！

1. 人体的器官不同，其分担的工作也必然不同。比如大脑——脊椎系统，它是显意识得以发生的器官，而交感神经系统则是潜意识赖以发生的器官。大脑——脊椎系统是我们通过感官接收意识传输的渠道，并控制着全身的所有动作，它的中枢在脑部，担任显意识的工作。而潜意识的工作则是由"太阳丛"所担当，它是一个神经节丛，在胃的后部，是精神行为的渠道，是交感神经系统中枢，同时支撑着人的生理机能。

2. 所谓"太阳丛"，就是因为它是像太阳一样能够分发能量的中枢机构，把全身不断产生出来的能量传递出去。能量被神经运送到身体的各个部位，散播在周围的大气中。这种能量是非常真实的能量，而这颗"太阳"亦是非常真实的"太阳"。

3. 如果一个人的"太阳丛"的辐射足够强大，他的身上就会散发出很强的吸引力和人格魅力，还会向周围的人群散发良好的能量。他的出现本身就会给那些与他接触的人带来安慰，就像太阳一样照耀着周围的人，平息他们精神上的风暴。

4. 如果一个人的"太阳丛"系统失灵，功能紊乱，那么通往身体各个部位的能量就会中止，人就会处于情绪低迷状态，对一切都提不起兴致。这就是造成我们精神、肉体上的困扰或是受到环境困扰的原因所在，当然这也是做事失败的主要原因。

5. 消极的意识就是寒流，它会削减"太阳丛"的光芒，使之黯淡无光；而积极、愉悦的想法就像暖风，能给"太阳丛"升温，使"太阳丛"不断扩张。我们的信心、勇气、希望就是"太阳丛"的暖风，相对地，恐惧便是"太阳丛"的主要敌人。只有令"太阳丛"永远灿烂，不被乌云遮蔽光芒，才能够彻底打垮、消灭消极这个敌人，才能把它驱逐出境，直到永远。

6. 恐惧在不停地扩展它的疆土，它是一个贪心的恶魔。一旦染上它，它就会在你全身扩散，使你每时每刻都处在它的控制之下，甚至让你恐惧每一件事和每一个人。只有当恐惧被彻底地、有效地清除时，你心中的"太阳"才会发光，阴霾才会消散。也只有这样，才能使你重新找到生命的源头，重新充满活力，重拾久违的快乐心情。

7. 人之所以会产生恐惧，是因为自己不够强大，是因为对自己缺乏信心。只有当你发现自己真的拥有了无限力量时，只有当你通过实践证明了自己足以凭借思想的力量战胜不利因素时，只有当你自觉地认识到这种力量时，你才会觉得没什么可恐惧的了。因为你知道，与恐惧相比，你是更强有力的。

8. 是我们对自己权利的不敢坚持或维护，才导致了世界对我们的苛刻。也就是说，世界会对那些不能为自己的思想争取容身之地的人发难，只会对他们冷酷无情。而我们却是由于畏惧这种发难，才把我们的许多思想深埋在黑暗之中，不敢让它们见于光天化日之下。假如我们一无所望，那么我们就将一无所有；假如我们希冀颇多，那么我们就将很自然地得到更多。这正是所谓的"有期望才能有所得"。

9. 通过潜意识，我们与内在的世界建立广泛而紧密的连结，这种潜意识的器官就是"太阳丛"。交感神经系统掌控我们的各种主观感觉，如愉快、恐惧、依恋、喜好、渴望、想象等各种潜意识现象。我们之所以能够逐步掌控内在世界的能量，正是因为这种潜意识成了我们与内在世界之间的稳固桥梁。

10. 我们每个来到这世界上的人，都有着不同的使命。钟情于自然科学的人，则可以唤醒自己的"太阳丛"，发挥自己潜意识的功效，过上向往的生活，变得越来越富有。

11. 我们对金钱的理念取决于对金钱的态度。商业经济的典型表征是金钱。对金钱的渴望可以调动我们对其重视的程度与欲念，从而促成整个经济的加速运转，打开财富的通路。如果我们在获得金钱的过程中感到恐惧，那么财富会离我们越来越远。

12. 意识世界中的贫穷是真实的贫穷的根源。有付出才会有收获，如果我们因恐惧而止步不前，那么我们就只会得到因恐惧导致失败后所产生的悲惨结果。金钱是这个整体世界的一部分，它同样遵循这样的法则。如果我们恐惧财富与获得财富的过程，那么令人厌恶的贫穷会紧跟着我们。

13. 只有当你意识到自己拥有"太阳"时，你才不会畏惧黑暗。一旦认识到这一点，我们也就没有什么可畏惧的，因为我们的力量原本就是无穷无尽的。

开启思维训练：唤醒体内的"太阳丛"

　　首先请你彻底地静默下来，尽最大的可能停止、并放松你的思想，同时让肌肉保持正常的状态。身体的放松练习是一个意志自主的练习，它将对你大有裨益，因为它能使血液在周身畅通无阻地循环运行。这将把压力从神经当中驱逐出去，把那些将会导致肉体劳顿的紧张状态消除得无影无踪。

　　请你尽你最大的可能放松你的每一条神经和每一块肌肉，直到你能感受到宁静从容，与世界合二为一时为止。此时的"太阳丛"就开始运作了，这将会让你惊叹不已，你会明显地感觉自己的能力在一点一滴地增强，感觉自己越来越充满力量。

第十一课　培养敏锐的洞察力

　　大家都知道，致富路上从来没有一帆风顺的美事。那么，我们所面临的最大困难到底是什么呢？我认为，是混乱的观念以及并不明了自己真正所想。如果要改变这种状况，我们所能做的就是在这些杂乱无章的现象中找到内在的因果规律，以便调整自身去适应规律。因此，清晰的思路和敏锐的洞察力就显得更加难能可贵。这些能力并不是从天而降的，而是建立在我们平日点点滴滴的努力积累之上的。一起来看以下 7 条内容吧！

　　1. 洞察力是专属于人类的、精确入微的"望远镜"，因为它是一种心灵的能力，凭借它可以从长远角度来考虑问题，认清困难，审时度势，把握机遇。

　　2. 洞察力使我们权衡利弊，妥善规划。同时，它还为我们做好了迎难而上的准备。这些障碍还没有成为足以阻挡我们的困难之前，是洞察力使我们先跨越了它们。

　　3. 为了使我们不误入歧途，洞察力会朝着正确的方向引导我们的思想和注意力。为了阻隔自己思想中那些没有物质的、精神的或是心灵的细菌，防止它们感染我们的生活，让我们开始勤恳锻炼自己的洞察力吧！

　　4. 完全沉浸在你的思想中，沉浸于你关注的主题，忘却其他一切不相关的事情。如此会引发直觉的感知，以及直接的洞察力，让你能看透你关注的客体的本质。

5. 我们靠口、眼、鼻、耳感知这个世界，习惯于通过五官去看待宇宙，我们关于人或神的观念也正是源于这些经验。但是只有通过洞察，我们才能获得真正的观念，这种洞察力需要朝一个固定的方向全力、持久地集中精神意念才能获得。

6. 我们精神的进步和成长，会影响着我们周边的环境和际遇。要清楚，我们是在认识中成长，在行动中焕发激情，在际遇中洞察一切。

7. 做到透彻地分析所有的理念，以便我们摒弃一切非科学、不正确的东西。这样你就不会在一些无谓的事情上浪费精力，而是有把握地做每一件事，成功必将为你的奋斗加冕。这与洞察力基本相似，就是企业家所说的"远见卓识"，是获取成功、获得财富的一个关键因素。

开启思维训练：开发洞察力

我们要清楚，洞察力是内在世界的产物。在寂静中集中意念，可以锻炼洞察力。在这一课中，你要练习：开发洞察力。坐在之前的位置上，思考这样的问题：思想有创造力并不意味着掌握了思维的艺术。让思想停留在这样的地方：知识本身并不会运用自己，我们的行动是取决于积习、流俗和先例的，而不是取决于知识。唯一可以让自己运用知识的方法是：下定决心，有意识地努力。设想这样的事实：无用的知识会从大脑里溜走，信息的价值在于对它们的应用。沿着这条思想的路线想下去，直到你的洞察力能够让你针对自己的特定问题，运用这个原理制订出明确的方案。

对于一切伟大成就来讲，洞察力是不可或缺的。另外，在洞察力的帮助下，我们可以进入、探索进而占有所有你向往的精神圣殿。

第十二课　顺应时代不掉队

　　在当今这样一个快节奏的社会中，新旧更替快速进行着，我们正处在一个新旧交替的十字路口。新型社会的道路已经铺好，所有的一切都在为新的秩序扫清道路。比迄今为止的所有事情都更加神奇的，就是社会的新陈代谢。一起来看以下 15 条内容吧！

　　1. 思想的创造力是由创造性的理念构成的。这些理念通过发明、观察、应用、鉴别、发现、分析、控制、管理、综合等手段，运用物质和力量，使自身客观化。思想是处于激活状态的，它不断地改变，不停地创造，它是富有智慧的创造力。

　　2. 生活以严格的评判标准将人类分为两种：运用创造性思维奋力拼搏的精神追求者与循规蹈矩、从不改变自我的保守者。世界千变万化，不存在原地踏步的境地。总之，追寻更高的生命价值，如逆水行舟，不进则退。

　　3. 与过去相比，当今活跃于人们头脑的各种想法意识，已经有了决定性的进步。不容置疑，我们所处的这个时代正是因为创造性的思想才得以发展和丰富的。同时，世界对于那些在思想方面有着卓越贡献的人们，给予不菲的物质和精神上的奖励。

　　4. 旧观念的固守者和拥护者，对于新思维、新体制充满恐惧，畏缩不前。

在新时代的黎明前仍焦躁不安地互相安慰，大肆谈着固有生活的安定与完美，将已经清晰可见的未来趋势掩耳盗铃般地置于脑后。

5. 当前，我们正处在一个充满竞争、变化莫测的世界中，每一天、每一小时、每一分钟的世界都在发生着巨大的改变。世俗生活带给人们的苦闷、压抑接连不断，如星星之火可以燎原一样，一种企图改变、毁灭并重建这种生活的愿望正汹涌而来。

6. 每一种新的信仰诞生，都呼唤着新的表达形式的出现，这种信仰正是通过对能量表象的深层领会，让它在各个层面的精神活动中体现出来。因此，新的社会运动的巨大能量摧毁了传统中陈旧腐朽的一面，将精华部分保存了下来。

7. 思想的力量，随着靠近思想的核心而更加强烈。思想本身也是在真理的各项严格的检验下，不断地完善和升华的。

8. 随着人类智慧的不断发展和突飞猛进，人类对宇宙本性认识的发展也日益更新着。当人们真正将崭新的宇宙精神理论应用于人类生存体制之中时，诸多社会问题皆会因之而得到迅速改善。社会更加尊重个体的创造与更新，压制极少数人对整个社会的控制权。

9. 只要人类有一天还处于对宇宙能力理论的懵懂之中，少数的特权者就将多一天借助于神或宿命论来控制这个世界。人与人之间的创造力或行动力都在最大程度上拥有自由，这种自由神圣而不可侵犯，绝不允许旧有秩序的卫道士们打着各种幌子继续为虎作伥。人们对于宇宙精神的认识实际上是一个由认知到确信的过程。

10. 宇宙精神有其自身的禀性，它刚正不阿，不为吹捧恭维所动，也不会因一时的情绪做出非理性的判断和厚赐。它是公正的、可信赖的、强大的。当人们真正领悟到宇宙精神并能够与其保持同一高度时，将会得到它特殊的偏爱与眷顾，实现人类向往中的最高理想。

11. 宇宙精神的至关重要的原则——真理，是个专横的独裁者，它不容许任何人、任何事去挑战它的权威，也容不得丝毫的反叛。不管是故意还是无心，任何与真理相抵触的行为都会导致混乱不安。

12. 真理是每一次正确举动的先决条件，是所有事业和社会交往中的潜在法则。假如真理是世人梦寐以求的宝藏，那么正确、合理的思维就是引导我们找到宝藏的精确地图。有了正确的思维这盏指路明灯，我们就一定能够找到宝藏的所在。

13. 能够自信并肯定地认识、运用真理，就是与"无限"和"全能"的力量和谐相处，可以获得真正的满足。所以，认识真理就是使自己与战无不胜的力量相连通，这是一切其他事情都无法与之相比的。真理是强而有力的，它可以从根本上清除嘈杂与混乱，可以战胜一切的怀疑与谬误。所以在这个充斥着怀疑、冲突和危险的世界中，真理是唯一的一块坚实的地面。

14. 无论你是绝顶聪明，还是学富五车、明察秋毫，如果你的希望是建立在错误的前提之上的话，你将会迷失在谬误的丛林里，对接下来的结果无法形成概念；反之，即便是最缺少智慧的人，也可以靠直觉对一件基于真理之上的行动的结果进行预测。可见，一个人的成功在很大程度上取决于其行为是否能和谐地与真理保持同步。

15. 当蒸汽机、动力织布机以及其他每一次技术进步和改良措施被提出来的时候，都曾遭遇过强烈的反对，不过这并不影响它们走进我们的生活。不要永远只是被引导，要勇于担当引导者。自己是能够坚持自我，还是像大多数人一样随波逐流？这是一个你每天都要问自己的问题，并且要在内心深处寻找答案。

开启思维训练：在混乱中寻找真理

　　获得自由的唯一途径就是真理。当我们运用宇宙精神法则去思考和经营我们的生活时，我们就不必再惧怕成功道路上的变幻多端、艰难困苦。通过内在精神的自我强大，你就可以达到外部世界的协同改变，并且当我们身处寂静之中时，我们随时都可以唤醒思维之中的灵感之泉，使其源源不绝地为我们破译出幸福人生的密码。我们可以借助于集中意念而进入心灵的净土，并在这片土地上找寻生命中的奇迹。

第十三课　人脉即财脉

我们平时的生活中，会经常引用"人脉即财脉"这样的俗语，用来形容朋友与财富的关系。当我们帮助朋友、为他们服务、为他们谋利益、为他们做更多有益于他们自身的事情时，其实也在不断扩展我们的交友领域。为他人服务是成功的一条黄金定律，而这种服务必须是一种源自本性的给予，它的背后是一颗诚实、正直、关爱他人的心。有所企图的帮助不能称为真正意义上的服务。当心怀鬼胎者使用手段对人待友时，他们最终也将遭受人际关系及事业上的全盘失败。因为他们根本无法欺骗宇宙间的根本定律，他们对于交换原理一无所知。根据因果关系的定律，他会深深陷入无力、无为、无能的泥淖。一起来看以下 6 条内容吧！

1. 人的广阔胸襟以及对他人的慷慨大度，能给予思想迷人的活力。而谋私的思想或行为，只能导致精彩思维的毁灭。就像蚁洞一样，自私最终会将我们创造力的大厦瓦解、毁灭，进而折断我们飞往财富宇宙的翅膀。

2. 欲取之，必先予之。要尽一切力量为他人和世界服务。工人以技能服务于人，艺术家以艺术作品服务于人，商人以自己的货品服务于人。我们给予的越多，收获的就会越多，那么再次付出的能力就越强，由此形成一个良性循环。

3. 源源不断地付出的金融家始终努力保持自我思考的独立性，从未将这样那样的决策委以他人下定。如果他希望获得想要的结果，他必会得到身边人的众多启示，当他得到了自己想要的答案时，就可以用更多的形式和手段去为更多的人谋求利益。最后，当众人也随之取得了成功，金融家也就成就了自我。很多的成功者或财富的拥有者，并不是依靠损失他人的利益而自我收获，反而他们最大的财富就是帮助他人。

4. 你无法给予别人你没有的东西。你不具有的你怎么能给予呢？倘若我们软弱无力，那么就无法帮助别人；倘若我们希望自己对他人有所帮助，那么首先自己要拥有能量。只有先让自己变得富有，才会有能力去帮助他人。

5. 我们一旦侵犯了他人的权利，就会成为道德的绊脚石，在前进的过程中磕碰不断。这是个再浅显不过的道理了。由此看来，成功应该以"为最多的人谋求最大的利益"为道德理念。

6. 如果你有吸引财富的内心因素，那么随之而来的也是财富。在财富到来的过程中，你不只需要具备一颗心服务于他人，同时也要具备敏锐的洞察力，以便在机遇与你碰触的瞬间将其牢牢把握。你需要将所有机遇中可能垂青于你的因素汇聚在身旁，做好一切准备。当你获得有利时机时，你就能够协同他人一起迈向获得财富与成功之路。

开启思维训练：善用互惠原则

宇宙处于不断寻求释放的永恒状态之中，处于帮助他人的永恒状态之中，所以它总是在寻求让自己能够最好释放的渠道。而人们就是宇宙传递活力的渠道，只有这样才能做更多有益的事，能够给予他人更多的帮助，并尽力做到最好。

你要有这样的想法：获取财富的最终目的是服务于人，我必须对他人有所帮助，我给予的越多，所得的就越多。当你能够以这种开阔的思想去看待财富时，你的思想与财富源头就会被开启。到时，你就能体会到互惠行为的美妙了。

第十四课　敢于改变自己

世上的事固然不能尽如人意，人们在实现美好愿望的路上通常步步受阻，但这并不意味着我们无能为力，总会有其他的办法克服阻力，让美梦成真。如果要改造外界，那么首先要改变的就是我们自己。一起来看以下 20 条内容吧！

1. 世上的人千差万别，而这一切差别都是性格使然，有的人懦弱胆怯、优柔寡断、害羞内向，而有的人坚强勇敢、胸怀壮志、热情开朗；有的人由于恐惧即将到来的危险而过度紧张、焦虑烦躁，而有的人天生喜欢挑战，在与困难作战的斗争中永远是胜利者。

2. 不是所有的性格都是天生的，很多人的性格都是持续发展的结果。医治的良方非常简单，用勇气、自强、自信的念头，取代那些畏怯、无助、自卑的想法。如同白昼驱散黑暗一样，积极的想法必将摧毁消极的念头，因为两种相生相克的东西不能同时共存于同一点。

3. 坚定不移的信念要靠不断地重复来巩固和增强，不断地重复——会使心中所渴望的愿景成为我们自身的一部分。就这样，我们改变了自己，并且改造成了内心中向往的自己。

4. 改变的想法要有行动的支持才可行，因为行动是思想盛开的鲜花，境遇就是行动的结果。只有把思想落到实践中,我们美好的愿景才能得以实现。

5. 让我们隐藏、修正或摒弃那些不好的、负面的性格特点,保留并发扬自身遗传下来的好的、正向的性格特点,这正是我们的主观能量的体现。

6. 自古以来,我们人类之所以能够优化自身,就在于"昨天的思考成就了今天的我,而今天的思考必将引导和塑造明天的我"。这个"自身"就是我们思想的产物,不管这之间是否掺有意识的作用,至少我们绝大多数人都在创造思想,优化自身。

7. 在我们给家里盖房时,都会周密筹划,密切关注每一个小细节,选用质量上乘的材料。同样地,当我们在为自己构建精神家园的时候,我们能否做到如此这般的细致与周全呢?就重要性而言,后者远远超过前者。我们精神家园的构架、所选用的材料以及营造的色彩等都将直接影响我们面对生活中每一个细微问题的态度。

8. 那么到底什么叫精神家园的材料呢?它实际上就是过往经历集中反映在我们潜意识中的一种反馈。倘若反映出来的印象充满了恐惧、忧愁或是焦虑,那么反馈自然也就是负面的、消极的或是充满怀疑的。这就意味着我们今天能够用来建造精神家园的材料,其质地一定是负面的,甚至是腐烂的。这只会将生命淹没在痛苦与怨恨之中,对我们的生活没有丝毫正面的影响。我们为了让自己的精神家园看起来像样一点,就要竭尽全力地去改造。

9. 倘若我们勇敢坚定、乐观向上,主动地摒弃或改造一切不良有害的观念,长此以往,我们可用的精神材料绝对上乘。在此基础之上,我们甚至可以自主选择想要营造的色彩,构建出来的精神家园自然也是恒久坚固,历经风雨不褪色。精神有了合宜的栖息之所,还有什么疑虑呢?我们可以信心十足地面对未来,勇敢地前进,一切势如破竹。

10. 从心理学的角度来说,上述种种都是摒弃了猜测和理论推导的事实,没有什么神秘的色彩。这就告诫我们：精神家园的建设不可偏废，需要用心经营，持久关注，使它充满着阳光、温馨、整洁的气息。这密切影响着我们在生活中的全面进步，千万要认真对待。

11. 只有出色地完成了精神家园的基础性建设，我们才能徜徉其中。接下来，再用上乘材料在此之上构筑理想，建造一个完美的国度。

12. 我们可用一个美好的比喻来描绘建造精神家园的意义：有这样一处良田美地，那里广阔无垠，青山绿水。一座豪华大厦矗立其间，内藏有罕见的名贵字画、豪华的家具摆设，典雅精致。你作为财产的继承人，唯一要做的就是专心致志地行使自己的继承权，占有并合理使用这些配置，不让它闲置。无论多么美好的事物，一旦被荒废，那就无异于被无情地放弃，无异于暴殄天物。

13. 在人类的精神领域，是否也存在着这样的一处房产呢？答案是肯定的。而你就是这处房产的继承人！你可以完全自主地占有并使用它，发挥自身最大的能量去掌控它，营造出自然和谐的、繁荣兴旺的景象。这就相当于你的净资产，它将回馈给你幸福与安详，使你摒弃软弱无能，得到决定自己生命方向的权杖。

14. 真诚渴望——主张权力——势必占有，这是顺理成章地占有这笔丰厚财产的必经之路。三点一线的终点就是你所渴望的精神家园。对你来说，迈出这三步并非难事。

15. 我们因为获得了美好的精神家园而重焕生机，拥有了敢于面对一切的勇敢与坚定，不再彷徨、怯弱、恐惧、害怕。在它的指导下，我们跨越人生的沟壑坎坷，无所畏惧地笑着阔步前行。一些新的意识在心底被唤醒，我们瞬间便拥有了无穷的能量。

16. 这股改变的能量是由内而生的。只有我们先付出主观能量，才能拥有它，除此之外，别无他法。全部的宇宙能量在形态分化中，注入到了我们每一个人的体内，为了不让这些能量在体内堵塞，我们必须将它释放，而且也只有这样，我们才能获得源源不绝的新能量。在生命进行的每一步中，只有实实在在地付出越多，才能得到越多。如果需要身体更强壮，那么就必须付出比一般人更多的毅力和心血去坚持锻炼。同样的，如果需要积累更多的财富，那么就必须先投入金钱去搭建创富平台。只有这样，我们才能获得丰盈的回报。

17. 坚持不懈的改变、提升自己，有助于开发你的创造性和进取精神，使得精神不会受到无缘无故的干扰和本能冲动的左右。

18. 发电机具有很大的威力，但是如果没有被启动，就不能发挥出任何力量。我们的精神就是身体发电机的开关，只有精神才能使身体运转，使它产生效力，使它产生的能量明确有效地集中。精神是引擎，它产生的能量是人所不能想象的。

19. 精神的力量就是那充满魔力的权杖，使你接受正确而有效的理念，为你安排具体可行的计划，让你在执行的过程中富有创意并充满快乐，最终收获因成功而带来的满足感。精神力量和金钱意识相互作用，加以累积就形成了一切你想拥有的财富。

20. 也许有人认为，金钱是世界上最可靠的东西，它意味着稳定、衣食无忧的生活。但是，金山能够在瞬间崩塌，财富亦会在一夜间化为乌有。而对思想创造力的实际运用，才是世界上唯一可以依靠的。外在的物质世界时时刻刻都在发生着改变，我们可以通过调节自己，去适应外界。这种调节自我思想能力的强弱，决定着人们取得成就的大小。

开启思维训练：在改变中寻找新我

　　找一个安静的房间，坐下来，做一个深呼吸，放松身心。在脑海里面勾勒这样一幅精神愿景：蓝天、白云、绿草地、茂密的树林、欢聚的朋友……这可以是你所能想到的一切美好的事物。

　　起初，也许你会有些许沮丧，因为你尽管可以想到太阳下所有事物，然而就是圈定不了自己渴望专注的、具体的理想愿景。但请不要气馁，每天坚持重复做这样一个简单的尝试，那么你就会发现——改变就在眼前。

第十五课　我能成就一切

一个人的一切取决于他的想法、做法和感受。所以，出现了宗教上的神与鬼，发明了科学上的正与负，定义了哲学上的善与恶。那么，是做一个主动有力的强者还是一个被动无力的弱者，是做一个驾驭自己命运的成功者还是任人宰割的失败者，是做一个陷入贫困无法自拔的人还是一个敢于追逐财富梦想的人，这一切都取决于你自己。一起来看以下 14 条内容吧！

1. "自我"不是指身体，亦不是指心智。实际上，身体只是"自我"执行任务的工具，而心智则是"自我"进行思考、推理以及谋划的工具。

2. 只有认识了"自我"的真实特质，才能享受到前所未有的、充满力量的感觉。这是因为"自我"能够控制并引导身体和心智，进而能够指挥身体和心智去做什么，以及怎样去做。

3. 你可以成为任何一种你想成为的人，因为一切的个人特征、习惯和性格特点都潜藏在自己的身体里，它们都是你以前思维方式的产物。

4. "自我"被赋予的最伟大、最神奇的力量是思想的力量。然而遗憾的是，很少有人知道什么是具有建设性的或是正确的思考，正是因为这样，人与人之间便产生了差别，有了好坏、善恶之分。多数人允许自己的思想驻留在自私的层面上，而这正是幼稚的心智导致的结果。只有当人们的心智变得成熟时，才会懂得自私的想法正是孕育失败的温床。

5. 即使是一滴水也可以折射太阳的光辉，从最小的事情做起，从那些你能够掌控、能够不断取得进步的事情做起。但在任何情况下都不要容许你的"自我"被推翻，长此以往，你最终一定能够战胜自己。但也要知道小事中也藏着大玄机，许许多多的人都曾悲哀地发现，战胜自己是一项艰难的任务，并不比战胜一个国家更容易。

6. 谁是你最强大的敌人？答案往往就是你自己。只有战胜自己，你的内在世界才能够征服外在世界。此时的你将攻无不克、战无不胜，一切都会对你的愿望做出积极回应。此时此刻，成功于你就如探囊取物般轻而易举。

7. 春种秋收，因果循环。我们可以借用这句强而有力的口号来增强自己的意志，认识自己的力量，那就是："我要成为怎样的人，就能成为怎样的人。"

8. 无论何时，无论何地，只要你想起"我要成为怎样的人，就能成为怎样的人"这句口号，那么你就默念一遍。就这样坚持下去，使它成为你生命的一部分，成为你的一种习惯。

9. 生命的力量，可聚积于一点，也可以向周围扩散。生命意识中的图景会将我们的生活塑造成可见可触的外在形态。当我们调节自己的心态、开放自己的心灵、吐故纳新地不断更新自我，侧重追求过程而非结果，到最后，我们所收获的不仅仅是知识的果实，还有丰富的心路历程。

10. 无论处在什么环境，你要永远记住，这一生真正需要斗争和征服的仅仅是我们自己。一切困难与恐惧皆产生于你的内心，所以外界的困难、坎坷都不应该将你压倒。你只要从内心不断进行自我调整，自己想要的完满结果就可能顺利实现。

11. 这个世界上善于思考的人是少数的。大多数人对思维的尝试都是浅尝辄止，他们没有太多自我的观点，而是过着随波逐流的生活。对于既有的思想，他们从不过多地去验证或反思，而是以极度温顺的态度迷信于权威和宿命，这些人在放弃思考权利的同时也失去了创造能力。

12. 如果你能尽自己最大的努力去理解"自我"属性的真正内涵，如果你的目标和意图是具有建设性的，如果你与宇宙的能量和谐统一的话，那么你将战无不胜。在奔向成功的道路上，别人只能看到你的背影，你是他们的领军人物。

13. "自我"是具有精神属性的，大胆宣称"我完整、完美、强大、有力、热爱、和谐而幸福"，将给你带来和谐的境遇，你心中有什么便会看见什么。

14. 财富是必不可少的，虽然这种说法显得有些市侩，一些人并不会爽快地承认。但与阔绰相比，很多人都不能长期忍受拮据，因为选择好的东西是人的本能。倘若你需要财富，那么请你必须认识到，你内在的"自我"要与宇宙力量合二为一，在这种认识的帮助之下，你会与那些能够使人走向成功的能量共振，它会带给你能力与财富。

开启思维训练：打造掌控自我之钥

跟前面一样，还是走进那间安静的屋子，坐在座位上，保持和先前同样的姿势。切记要放松，让心灵和肉体都保持自然的状态，让自己感觉舒适，不要在压力下进行任何的精神劳作。

现在，要意识到自己与宇宙力量是和谐一致的，认识到宇宙力量将满足你所有的要求；认识到你与任何人已有的或将有的潜力不相上下。宇宙精神或宇宙力量就是所谓的"无限之我"，人们通常称之为"上帝"。那么，我们的内在世界又是由"自我"掌管的，而这个"自我"正是包含于"无限之我"之中。任何个体都不过是宇宙整体的彰显或表达，全都是整体的组成部分，在种类和性质上并无不同，差异仅仅在于程度不同而已。

你会发现，经过一年的集中和坚持不懈地练习，那扇通往完美的大门已经为你打开了。

巴比伦富翁的秘密：
计划指导十则，翻身致富在望

第一则　全面清零债务

繁荣富庶的巴比伦

巴比伦，这座古老的都城，位于幼发拉底河和底格里斯河的交汇处，曾是世人向往的文明中心。自公元前1830年左右阿摩利人建立古巴比伦王国起，它便开始了辉煌的历程。然而，随着汉谟拉比国王的离世，巴比伦开始饱受外族侵扰，历经500多年的战乱。公元前七世纪末，在尼布甲尼撒的领导下，新巴比伦王国得以重建。不过，短短88年后，波斯人彻底灭亡了这个王国。巴比伦的再次倾覆，使这座曾经显赫一时的古城逐渐消失在尘土之中，其神秘的文明和历史盛事也随之隐没。

在古巴比伦王国时期，巴比伦绝对是古代两河流域最为壮丽繁华的富庶都城，它承袭了苏美尔人与阿卡德人的辉煌文明成果且进一步将其发扬光大，从而将美索不达米亚文明推上了一个无比璀璨的顶峰。巴比伦古城分别有内外两道城墙，城中最壮观的建筑物，就是尼布甲尼撒王宫与人尽皆知的空中花园，以及那座闻名的巴别通天塔。

古代文明在褪去瑰丽及神秘面纱的同时，也在不断地诱发人类探究自己往昔辉煌的本性。因而，考古运动在19世纪中叶掀起了一个从未有过的高潮，而两河流域的巴比伦则是这场运动的一个最大亮点。

1840 年，一位名叫博塔的法国人来到苏美尔人的发祥地摩苏尔，他要寻找《圣经》中的尼尼微。经过两年多的努力挖掘，他从刻有铭文的砖块以及刻有图画与雕刻的残墙中发现了古代城市的遗址。他断定这便是传说中的亚述王宫与尼尼微，这一发现立刻引起了整个欧洲的极大轰动。在博塔对外界宣布自己的发现后不久，英国人莱尔德也在另一座古城遗址上做了艰难的考古挖掘，结果更令世人震惊，他挖掘出了尼尼微最庞大、壮观的亚述王宫。

　　应该说，莱尔德才称得上是真正且完整地发现了尼尼微。原因是他通过对亚述王国最大王宫的挖掘，以不容辩驳的考古证据证实了尼尼微曾经的确是亚述王国的都城。最为关键的是，后来在这个王宫里还发现了现存最古老的图书馆！在这个图书馆中，总共收藏有近 3000 块满是楔形文字的泥版。在这些泥版上面，不但记载了亚述王国的世系表、史事札记、朝廷敕令，而且还保存着神话、歌谣、颂诗等。在有关神话的部分中，就有被现代文学史家称为"史诗元祖"的吉尔伽美什神话。

　　1872 年，英国伦敦大不列颠博物馆的研究人员史密斯，着手对拉萨姆送回国的泥版做了翻译，从而使这些远古的神话与文明获得了重见天日的大好机会，并且也将两河流域的考古工作再次推上了一个新的高潮。

　　1899 年 3 月，一批德国考古学家，在当今巴格达南部大约 50 千米的幼发拉底河畔，持续进行了 10 多年之久的大规模考古、发掘工作，最终找到了已失踪近 3000 年，由尼布甲尼撒二世于公元前 605 年改建后的巴比伦古城遗址。如今，考古学家依然在巴比伦古城的遗址上进行着大量的发掘工作。

　　人们之所以能够复现人类发端的文明与辉煌，完全归功于发掘遗址及翻译一种最古老的信息载体——刻有楔形文字的泥板。不管是尼尼微出土的泥板，还是巴比伦出土的泥板，都在向世人强烈地传达并充分展示着没落王国的无限瑰丽与传奇。

本篇无疑跟这些静默而神秘的泥板紧密关联，而我们的故事与计划指导也正是从这些泥板上开始的。既然曾经的巴比伦是如此繁荣而富有，那么就必定有其内在的缘由或根源。这些法则与秘诀对于今天的人们还具有同等的意义和价值吗？先别着急，这正是我们下面要告诉你的事情。

第一封来信

随着巴比伦考古发掘的热潮升温，参与者数量激增，英国的科学方法勘探机构创建了美索不达米亚希拉城研究中心。其中，著名的考古学教授富兰克林·考德威尔也加入了发掘队伍。6个月前，他在一处不起眼的遗址发现了五块保存完好的泥板，并请求诺丁汉大学的什鲁斯伯里教授帮助翻译上面的楔形文字。寄出信件和泥板后，考德威尔焦急地等待回音，最终他收到了什鲁斯伯里的回信。

亲爱的教授：

您好！感谢您的信任，您寄来的五块泥板和信件已安全抵达。我对此深感着迷，并投入大量时间翻译泥板上的文字。由于翻译和其他事务，回复有所延迟，现附上所有的译文如后。

泥板在您精心保护下几乎完好无损。读完泥板上的故事，您或许会同我和我的团队一样感到惊讶。原本期待泥板讲述人类祖先的浪漫传奇，事实上揭示了一个叫达巴希尔的人如何清偿债务的过程，反映出远古时代的经济生活与今天并无太大差异。

令人颇为惊奇的是，正像学生们述说的那样，这些古老的文字好像是专门"在跟我开玩笑"。作为一名大学教授，我被视为掌握各方面实用知识的学问家。然而，达巴希尔——从巴比伦废墟的泥板里冒出来的这位老兄，却教会了我一个以前从没听说过的偿债并致富的绝妙方法，即在偿还债务的同时，使财富不断增长。

我对此深感兴奋，并期待尝试这些方法以解决我的财务问题。祝愿您的考古挖掘工作好运连连，期待再次为您提供帮助。

考古学教授什鲁斯伯里敬启

五块泥板的译文内容如下：

第一块泥板译文：

现在，月圆之夜，我，达巴希尔，从叙利亚逃离奴隶身份，重返巴比伦。我决心清偿债务，成为受人尊敬的富人。此刻记录还债过程，指引我达成心愿。受好友钱庄老板马松的睿智建议，我执行严格的计划，旨在远离债务，重获财富与自尊。此计划包含我渴望的三大目标。首先，为未来富足储蓄收入的1/10，以备不时之需。正如马松所说，储蓄能带来家人的幸福和成功。其次，用收入的7/10供养爱妻和家人，确保衣食无忧，余钱应对额外开销。马松强调，为达成人生目标，开销不得超过收入的7/10，以确保计划的成功。我将严格遵守此规定，绝不超支，只购买负担得起的物品。

第二块泥板译文：

最后，这项计划旨在让我用一部分收入清偿一切债务。所以每当到了月圆时分，我收入的2/10，必须诚实、公平地分成若干份，用来偿还那些曾经信赖我并借给我钱的债主们。如此，到了一定的时候，我就可以还清所有的债务。

于是，我在这里刻写下每位债主的姓名，还有我欠他们的钱数。

法鲁，纺织商，2个银钱，6个铜钱；

辛贾，沙发匠，1个银钱；

阿玛尔，我朋友，3个银钱，1个铜钱；

詹卡尔，我朋友，4个银钱，7个铜钱；

阿斯卡米尔，我朋友，1个银钱，3个铜钱；

哈林希尔，珠宝商，6个银钱，2个铜钱；

迪阿贝凯，我父亲的朋友，4个银钱，2个铜钱；

阿卡哈，房东，14个银钱；

马松，钱庄老板，9个银钱；

毕瑞吉克，农夫，2个银钱，7个铜钱。

（从此处起，往下的泥板上字迹残缺不清）

第三块泥板译文：

我欠了190个银钱和140个铜钱，因债务过多，妻子回了娘家，我也离开了巴比伦去外地谋生，但中途遭遇不幸，沦为奴隶。现在，马松教我如何还清债务，我意识到逃避不是办法，于是主动与债主们沟通，提出将收入的2/10平分偿还他们，虽然有些债主不满，但大部分人接受了。我坚信勇敢地面对债务、努力偿还比逃避更容易，我已与大部分债主意见达成一致。

第四块泥板译文：

在月圆时，我辛勤工作，妻子支持我的偿债计划。通过为骆驼商买骆驼，我赚了19个银钱，按计划分配后，债务减少了近4个银钱。

次月业绩不佳，我只赚11个银钱，我们生活简朴但坚持偿债。再次月圆，我幸运地买了好骆驼，赚了42个银钱，我们有了结余，债务减少了8个银钱。这个计划让我们逐步摆脱债务，开始积蓄。三个月下来，我坚持存下1/10的薪水，生活虽窘迫，但我们仍在坚持。现在我积攒了21个银钱，能在朋友面前抬头挺胸。妻子操持家庭得当，我们穿着体面，生活幸福。这个计划让我从凄惨的奴隶变成体面的自由人。

第五块泥板译文：

今日月圆，自刻写泥板以来已过去12个月圆。今天意义非凡，我终于偿还了最后一笔债务。为庆祝这一重要时刻，我和妻子设宴庆祝。在偿还最后一笔债务时，我经历了难忘的事情。阿玛尔请求我原谅他过去对我的谩骂，并称我为真心希望结交的朋友之一。阿卡哈也改变了态度，称赞我从软泥变为坚不可摧的石块，并愿意继续借贷给我。不仅阿卡哈，其他债主也以恭敬的态度看待我，妻子更是对我充满敬佩。这个绝妙的计划帮助我成功地偿还债务并积累财富，我强烈地将它推荐给渴望成功的人。虽然尚未完全实现计划，但我坚信坚持下去，必将成为巴比伦的富翁。

考德威尔教授读完什鲁斯伯里教授的信和泥板译文后，心情激动，难以置信。他若有所思地自言自语道："我应该把发掘这些忠告和秘诀当作今后的一项主要工作，它们对今天的现实情况是否会真的完全适用呢？"

在接下来近两年的时间里，他一边坚持从事遗址发掘工作，一边有意识地收罗所有可能跟财富相关的泥板，不知不觉中，他收到的泥板已经有565块，经由其他同行的帮助，他初步确定其中的398块极有可能跟一些理财法则与财富故事有关。面对这些神秘质朴而静默无语的泥板，考德威尔教授由衷地感到兴奋难耐的同时，也产生了一丝淡淡的惆怅，毕竟要将这么多泥板毫发无损地搬运回英国，绝非一件容易的事，加上他对楔形文字的翻译水平远远不像他挖掘遗址来得那么顺遂、如意。

正当考德威尔教授对翻译泥板文字感到不知所措时，诺丁汉大学的第二封来信悄然送到了他的手中，写信的人正是诺丁汉大学的什鲁斯伯里教授！

第二封来信

亲爱的教授：

若您在挖掘巴比伦古城废墟时遇到骆驼商达巴希尔的灵魂，请帮我转告他，他的故事深受当代英格兰大学师生的感激和尊敬。

两年前，我回信给您时提到我和家人正尝试实施达巴希尔的计划，以偿还债务并积攒资金。尽管我和家人努力避免使朋友们知道我们的困境，但您可能已猜到我们的处境。多年来，我和家人深受债务困扰，常感不安，担心债主或零售商揭露我们的债务，导致不堪设想的后果。我们虽然尽力偿还，但债务总是无法及时还清，甚至需要向更昂贵的商店赊账。这种恶性循环使我们越陷越深，挣扎变得无望。因为欠房东大量的房租，我们无法搬离这套大房子以租住更便宜的地方。

一切的一切看起来令人极其绝望，而我们似乎已没有一点办法来改善处境。正在此时，很幸运地遇到了你介绍的这位朋友——古巴比伦富有的骆驼商达巴希尔，他的计划正是我们一直梦寐以求的想达成的目标。他刻在泥板上的故事令我们大受鼓舞，精神为之一振，十分愿意切切实实地遵行他的计划。因此，我们一一列出了所欠债务的清单，并且把这些清单分别拿到相应的债主那里核对。

同时，我向他们说明，若再像这样下去，我们根本不可能偿还他们的债务。债主们立即从我提供的这张清单中详细了解了我的实际情形。之后我还解释说，我唯一能给他们偿还债务的方法，就是每个月从我所赚取的薪水中挤出20%，平均分成相应的数量后摊还给每位债主，如此需两年多时间，我就能还清一切债务。并且，这种方法还可以使我们不用赊账，渐渐有能力开始用现金来购物，从中他们也能得到付现金带来的利益。

这些债主们都非常宽容。其中一位聪明的商人特别赞同我们采取的还债方法。他说："假如你现在就开始用现金来支付所购买的每一样物品，并且还可以还掉一部分赊账，这样必定比你以往一概赊账的做法好很多，因为你已经有几乎三年时间没有用现金支付了。"

最后，我同所有债主都达成了一致的协议，只要我可以按时把20%的薪水平均摊还给他们每一位，他们就不会再来打扰我们。

做出如此的改变就好像是一次探险。一边能依照这样的计划按部就班地偿还债务，一边还能完全自主地运用另外70%的薪水来保障温饱的生活，真是令我们感到无比高兴。紧接着，我们决定暂时先不购买我们素来爱喝的那几款好茶与其他奢侈的物品。很快，我们便惊喜地发觉，原来我们可以用更便宜的价钱购买到更实用的好货。

我们时刻严格要求自己按照达巴希尔的计划进行理财，并且对我们自身一步步取得的成就感到兴奋不已。或许你难以想象，能如此有条不紊地偿还债务，脱离旧债的缠累，是一件多么令人开心的事情啊！

我非常愿意谈谈我储存起来的另外10%的薪水。有时候，我们口袋里还真的会多出一点余钱。这才是最令人兴奋的精彩之处。开始将不必要花销的余钱储存起来，是非常有趣的事情。一点点的日积月累，比花掉它们更令人感到欣喜和满足。

当我们手头存有一笔令人满意的积蓄之后，我们看到了更为有利可图的用钱方法。我们每个月都固定以10%的薪水的积累进行一项投资。而这一项投资，正成为我们摒除旧毛病且形成新习惯过程中最令我们引以为豪的行动。我们每个月都会把第一笔开销使用在这项投资上。

看着我们的投资持续稳定地增加利润，我们获得了一种很可靠的安全感。到这个学期结束时，这笔投资的红利将足够使我们过上更为安心、舒适的生活。

这同我以往仅靠一份微薄薪水度日的情况相比，真是存在天壤之别。事情看起来似乎令人不可思议，可这绝对是千真万确的。我们所欠下的一切债务已经偿还得差不多了，而我们的投资也一直处于持续增值中。另外，我们理财的技巧也日渐成熟。这件事简直让人不敢相信，是否遵行理财计划，其结果竟然存在这样的天壤之别。

到今年年底，我们所有的欠债便会全部还清。到时，我们将拥有更多的余钱用于投资，而且，我们还有余钱出去旅行。不过我们决定，无论如何都绝不再让花销超过收入的70%。至此你应该会了解到，为何我们要向那位巴比伦的老兄达巴希尔传达我们深深的谢意和敬意了吧！他绝妙可行的理财计划，逐渐而又彻底地挽救了我们，使我们从梦魇般"人间地狱"的泥潭中脱身而出！

达巴希尔一定会明白这一切的，他毕竟是过来人。他必定希望后人也能从他遭遇的痛苦经历中学到这项宝贵的教训。若非如此，他何苦要花那么多时间，不畏艰辛地把自己的故事刻写在坚硬的泥板上呢？他带给所有遭遇同样痛苦折磨的人们超乎寻常的真实信息。这是一件多么非同凡响的事情，直至五千年后的今日，我们遵行从巴比伦古城遗留在废墟中被挖掘出来的理财法则，其真实性与精确性跟当年相比仍丝毫未减。

正是由于这样的原因，我根据当前的工作需要以及实际财务状况，再加上伦敦《每日电讯报》愿意给我提供一笔资助，我决定明年一进入春天就启程亲赴巴比伦古城，投入到挖掘整理这些弥足珍贵的致富法宝的行列中，相信我们一定会合作愉快并获得可喜的、巨大的成功！

考古学教授什鲁斯伯里敬启

看到最后一段文字，考德威尔教授激动不已，因为这解除了他对古老法则是否具有现实意义的疑惑。当什鲁斯伯里如约到达巴比伦古城后，两位教授开始了日夜不停地翻译和寻找新泥板的工作。最终，他们神话般的从废墟和泥板中复活了巴比伦古城最富有的人物和他们的理财法则，这些智慧超出了所有人的想象。

开启搞钱计划：勇敢面对你的债务

①勇敢地面对债务，不要存侥幸之心。还清债务比逃债或赖账更可行，也能让你获得人格上的自尊、自重。只有无债，身心才能真正变得轻松。

②列出每一笔债务的清单，与所有债主进行沟通。坦诚地告知自己的财务状况，并说明还债计划，达成口头或书面协议。

③比以往任何时候都更加辛勤努力地工作，首先把全部收入

的 7/10 留作家庭生活开支，保证家人的生活温饱与衣食无忧，这既是表达你对家人的爱心，也是你应当担负的责任。

④公平、如实地把全部收入的 2/10 分为若干等份偿还给债主，毫不动摇地履行偿债的承诺，相信债主们一定会理解并夸赞你的行为。

⑤坚决养成储蓄的好习惯，把全部收入的 1/10 储存起来，日积月累，防备急需或者日后用于稳定而可靠的投资。

⑥无论怎样，永远都要遵守量入为出的原则，严格约束自己的开销，每月全部消费不可超出当月收入的 7/10，即使是在债务还清了之后。

第二则　控制欲望型开销

不要轻易放纵自己

阿祖尔的儿子塔卡德已经两天两夜没有吃过食物了，他穿过繁忙的街道，到达一家小客栈前，希望能在客栈里遇到熟人借一些钱。然而，他突然遇到了他最不愿意见到的人——高大的骆驼商达巴希尔。达巴希尔是塔卡德曾赊欠现钱的亲友中最令他尴尬的一位，因为他曾明确要求塔卡德尽早还钱，但塔卡德一直未能履行承诺。

看到撞着自己的人正是塔卡德，达巴希尔的眼睛不禁一亮，自顾自地言语："这不就是塔卡德吗？我一直到处寻找他，好让他偿还我一个月前刚借给他的那两个铜钱，还有更早以前借给他的一块银钱。""喂！小伙子，你快说话啊！你变成哑巴了？"达巴希尔吼叫着，塔卡德浑身不住地战抖着，脸涨得通红。他肚子里空空如也，没有一点力气跟直来直去的达巴希尔大声地争吵来回应。他只好喃喃地低声说："我，我对不起你，真……真的很抱歉，可是今天我还是没有铜钱，也没有银钱可以还给你。"

达巴希尔接着大喊着骂他，"你难道真的就存不下几个铜钱或银钱，来偿还你父亲的老朋友吗？他们在你走投无路的艰难时刻都很慷慨地将钱借给了你。"

"我没有办法还钱,那是因为厄运始终在跟随着我,所以……"

"厄运?!难道你还要为你自己的软弱无能而怪罪诸神吗?那些一心只想着借钱却不想着还钱的人必然会厄运相伴的。小伙子,你跟我来,我已经有点饿了,我现在要去吃饭。同时,我想要告诉你一个很有意义的故事。"

达巴希尔不留情面地说完这话,使塔卡德感到极其胆怯。他恨不得即刻钻到地底下消失,可是达巴希尔已开口请他一起进入客栈用餐,这无疑是一件求之不得的好事。达巴希尔带领他走到餐厅最靠边的一个角落,找了一块小地毯便坐了下来。客栈掌柜考斯柯马上满脸笑容地迎了上来,达巴希尔以向来固有的坦率言语向他点餐:"你这沙漠的肥蜥蜴,赶快给我来一盘山羊腿吧!要煮熟一些,也多加一些酱汁,还要一点面包和各种新鲜蔬菜,我非常饿了,此刻正想多吃一点。噢,不可忘了我的朋友在此,给他来一壶水,弄凉一点,因为天气确实太热。"

听到这些,塔卡德心中一惊。难道要自己坐在这里看着对方独享美食?他沉默了,实在不知道该说什么。然而,达巴希尔并未察觉,依旧微笑着和其他客人打招呼。

等达巴希尔稍微停歇之后,他对塔卡德说道:"我刚听到一位从乌尔法回来的游客说,有一位富翁拥有一块削得极薄的石头,薄到能透过它看到后面的东西。他将这块石头镶在家里的窗户上用来挡风雨。听这位游人说,这块石头呈黄色,他有一次获主人允许看到了这块石头,一看之后才知道,透过这块石头能看到的世界无比奇异,跟真实的世界完全不同。塔卡德,你觉得怎样呢?好好想想看,一个人居然可以看到一个色彩完全不同的世界?"

塔卡德好像只对达巴希尔面前那一盘山羊腿感兴趣,他嗫嚅着回答:"我,我敢说……"

达巴希尔接过话头，说道："嗯，我能理解这一定是真实的，因为我自己的眼里也曾经出现过一个色彩完全不同的世界，我现在就把这个故事告诉你，那就是关于我如何再次用自己的眼睛看清这个世界的真实颜色。"

坐在旁边座位上的客人们顿时开始窃窃私语："达巴希尔要讲故事了。"因此他们赶忙将地毯凑近了一些。离远一点的其他客人则把食物一起带过来，众人挨得紧紧的，坐着围成了一个半圆形。

"我要讲的故事，"达巴希尔停顿了一下，又大嚼了一口山羊腿，才接着往下说："是关于我年轻时怎么成长为骆驼商的经历。你们当中可否有人知道，我以前曾在叙利亚被迫当过奴隶？"

顿时，听众中惊诧不已的唏嘘声啧啧响起，达巴希尔仿佛对这种反应感到非常满意，不紧不慢地说道：

"从很小的时候起，我就到处跟随父亲学着做生意。我父亲是一名专门制造马鞍的工匠，我当时在他的店里做帮手，并且很早就结了婚。因为年轻又没有具备什么出色的技能，所以我的收入十分微薄，勉强够我跟贤惠的妻子糊口。然而我从内心里极其渴望拥有凭自己的能力根本支付不起的货品，所以就不得不靠赊账与借债来满足膨胀的虚荣心，很快我就发现，即使我无法马上还钱，可是有些商店主还会相信我过些时日一定可以偿还我所欠下的债务。

"因为年轻又缺乏经验，我根本不懂得存钱，花钱常常入不敷出的人，事实上就等于自挖坟墓，吞下自我放纵的苦果，最后必然遭遇困境及羞辱的可怕结局。因此，我当时就仿佛着了魔似的给妻子、家人赊购了不少超出我支付能力的锦衣华服与奢侈物品。

"我手上的钱像流水一样哗哗地挥洒出去，没过多久就全花个精光。我很快就感到一种莫名的担心和恐惧，原因是我根本无法以如此微薄的收入来保证既可以过上舒坦日子，又能适当偿还债务。没过多久，商店的老板们到处找我偿付那些超额的奢侈花费，我不得不向朋友借债，可是完全没有能力偿还。随后，我的生活变得混乱不堪，日子简直没法过下去。以至于我的妻子在万般无奈之下只好回到娘家，而我决定一个人偷偷离开巴比伦，到其他城市去撞撞运气和寻求生路。

"接下来的两年，我日夜奔忙地为沙漠商队工作，可是日子过得仍然很不顺心。之后，我伙同一群凶猛的强盗四处劫掠那些毫无抵御能力的沙漠商队。我现在回想起来，如此的行径简直使我没脸做我父亲的儿子。可是当时我就像透过有色的石片观看着整个世界，一点也察觉不出我因此堕落到了何等的地步。

"我们第一次打劫商队算是很顺利，抢得了一大堆珍贵的黄金、丝绸和极有价值的商品。我们把这些掠夺物拿到吉尼尔城转手，并在很短的时间内将财富疯狂地挥霍一空。

"第二次打劫可就不那么走运了。在我们刚刚抢得大批财物准备逃离时，就遭到当地部落士兵的猛烈袭击，这些士兵是被劫商队专门花钱雇来的。我们之中的两个强盗头目被他们当场斩首，剩下的一律被带到大马士革剥光全身衣服，贩卖为奴隶。

"我被一名叙利亚沙漠部落的首领以两块银钱买走，然后他给我理了头发，还搭上了腰布，其他奴隶也是如此。因为年轻莽撞，我当时只把这看成一场冒险而已。直到有一天，主人领我到他四个妻妾面前，并对她们说，她们可以把我当作阉人任意使唤。

"那一刻，我才真正明白我的情况有多悲惨。这个沙漠国家里的男人个个骁勇好战，我在没有任何武器，也找不到脱逃办法的情况下，失去了一切自由，只好听任他们摆布。

"当主人的妻妾们用怪异的眼神盯着我看时，我耷拉着头站在那里，心里不停地打鼓，实在害怕极了，同时我也近乎绝望地期盼着她们会同情我。主人的大老婆希拉的年纪比其他妾要大一些，在她盯着我看时，她一脸的漠然无情。我无法得到她的丝毫安慰，便只好转移视线。接着一位傲慢冷酷的美妾狠狠地瞪了我一眼，仿佛我不过是一条泥土中的蚯蚓。其他两个较年轻的妾则不停地咧嘴嗤笑着，似乎这是一场颇为刺激的玩笑。"

女主人希拉的严苛忠告

达巴希尔说到这里，突然停住了，似乎眼前浮现出了当年的场景。众人无不满是期待地看着他，谁也不说一句话。达巴希尔嚼了一口面包和蔬菜，接着讲述他的故事。

"那种情形就如同叫我站着等待法官判刑，感觉真是生不如死。不知站了多久，每个女人好像都在盼着别人先开口。最终，还是希拉冷冷地先说出了自己的看法。

"她说：'阉人我们多的是，不过骆驼夫就不够用，而眼下这些人基本上都是废物。今天我正想回娘家探望生病的母亲，找不到一个我信得过的奴隶可以为我牵骆驼。问问这个奴隶懂不懂得牵骆驼？'

"于是，主人问我：'驾驭骆驼方面你懂得什么？'

"我尽量压制住自己十分热切的心情，回答说：'我懂得让骆驼蹲下来，也知道叫它们驮运货物且引领它们长途旅行。若是有必要的话，我还能修理骆驼鞍套上的许多配件。'

"主人应声说：'看来这个奴隶懂得不少，希拉，要是你需要的话，就叫这个奴隶当你的骆驼夫好了。'

"此后，我被转交给希拉，引领她的骆驼长途跋涉回娘家探望母亲。途中我感谢她代我向主人求情，并告诉她我是自由人的儿子，父亲是巴比伦的尊贵马鞍工匠。我同她分享了许多我个人的故事，但她的回应令我深受震撼，我反复思考她说的每一句话。

"她说：'你今天的困境，全因你自身的软弱。你如何自称自由人？我要告诉你，内心藏有奴隶灵魂的人，无论出身如何，终将沦为奴隶，如同水流向低处。相反，内心充满自由灵魂的人，即使遭遇不幸，也能在自己的世界里赢得尊重和荣誉。'

"接下来的一年我仍是一名奴隶，跟其他奴隶一起吃一起住，可是我根本没有办法成为像他们那样的人。因此，有一天希拉问我：'每当黄昏时，众奴隶常常混在一起玩乐，可你为何一直独自坐在帐篷里？'

"我回答说：'我是在仔细地思考你对我说过的那一番话。我想我心里根本没有做奴隶的灵魂。我与这些奴隶是格格不入的，因此我就一个人坐在这里。'

"她略微迟疑了一会儿，终于还是吐露秘密：'我也是跟那些妾格格不入的，这才常常孤坐。我带的嫁妆很多，我丈夫娶我就是为了得到我的嫁妆，其实他一点也不爱我，而所有女人渴望获得的就是被爱。除了这个原因之外，加上我没有生育能力，至今没有生下一男半女，因此我只能坐得离她们远远的。我假如要是男人，与其当个任人驱使的奴隶，还不如干脆死了算了，不过在我们部落，做女人也差不多就等于是奴隶了。'

"我突然提高嗓音问她：'现在你对我是什么看法？我内心是拥有做奴隶的灵魂，还是做自由人的灵魂？'

"她避开我的问题，说：'你还想把你在巴比伦所积欠的债务还清吗？'

"'是啊，我想啊，可是我没有丝毫的办法。'

"'若是你任由日子年复一年地过去，而不想尽办法努力地去偿还债务，

那你就是拥有可鄙的奴隶心态。对于所有不自重、不老实还清债务的人，其他人都能够像对待奴隶那样鄙夷他们。'

"'可是，我此刻在叙利亚当一名奴隶，我又能怎样呢？'

"'那你就继续在叙利亚当一名奴隶吧！你这个软弱、卑俗的男人！'

"我立刻急切地否认说：'我绝非一个软弱、卑俗的人！'

"'那你就自己拿出行动证明给别人看啊！'

"'怎么做才能证明呢？'

"'你的债务迫使你不得不逃离巴比伦。你要是放任它们不予理睬，它们就会潜滋暗长，且变得比你更加强大。当你将债务视为你的头号敌人，同时跟它们做殊死搏斗，你最终就会征服它们，从而重新变成城里值得尊敬的人。但是，你始终没有跟它们背水一战的强烈念头，只是两眼呆呆地看着自己的傲气渐渐消弭，以致最终被逼到叙利亚当了一个无比懦弱、卑微的奴隶。'"

拥有自由人的灵魂

"我不停地想着希拉每一句毫不留情的言辞与论断，这是我有生以来得到的最有价值的严苛忠告之一。我在心底里也想出了很多证明我内心并没有做奴隶灵魂的依据，以便对希拉表明自己的真实心态，可我却苦于找不到很好的机会说出来。过了三天，良机凑巧到来，希拉的侍女要领我去面见希拉。

"希拉说：'我母亲重病复发，你尽快从我丈夫的畜厩里选出两匹最强健有力的骆驼，系上装水的皮囊和鞍袋，做好长途跋涉的一切准备。侍女会给你提供厨房里的食物。'

"我迅速地备好两匹骆驼，不过我猜不透侍女为何准备那么多食物，毕竟总共最多不过是一天的路程。我默默地在前方牵引着骆驼，当我们到达女主人娘家时，天恰好降下夜幕。

"希拉喝令侍女退下去，然后突然很严肃地对我说：'达巴希尔，你的内心拥有做自由人的灵魂，还是做奴隶的灵魂？'

"我一脸坚定地回答：'做自由人的灵魂！'

"'那么，此刻就是证明你自己的时候了。你立刻带着这些骆驼逃走吧！这个袋子里有你主人的一身华丽衣服，你乔装一番。我会回禀主人，说你在我回娘家探望生病母亲的路途中，私自偷了骆驼逃跑了。'

"我感激地告诉她：'你拥有做一个皇后的高贵灵魂。我十分盼望着可以带给你幸福。'

"她平静地回答：'同他人私奔，远走他乡到陌生国度的有夫之妇，绝不会有幸福可言的。勇敢地走你自己的路吧，愿沙漠的众神特别眷顾于你，因为你前面的路途是那么遥远且净是寸草不生之地，也没有其他可以饱腹或解渴的食物与饮水。'

"我不再执意勉强她，感激地向她道谢，然后趁着夜色逃离。我身处陌生的国度，不清楚回巴比伦的路，但孤独而坚定地穿越沙漠和深山。我骑着一匹骆驼，牵着另一匹，连续奔驰了一夜又一天。我深知身为奴隶偷逃的严重性，一旦被抓住，只有死路一条。

"第三天下午，我抵达了一片荒凉崎岖的岩石地带，骆驼的脚底都磨破了，只能缓慢前行。这里没有人和野兽的踪迹，荒凉至极。我蹒跚前行，食物和水都已用尽，烈日无情地烤晒着我。第九天晚上，我虚弱得无法骑骆驼，担心自己会死在这里。昏睡过去后，第二天清晨醒来，四周仍是凄凉的景象，我找不到水和食物，骆驼也疲惫不堪。

"我问自己：'难道我就要这么悲惨无奈地结束我的生命吗？'此时我的身体已显得不再那么重要了，只是我的心比以前任何时候都更加清醒。

我满身焦灼，嘴唇滴血，舌头干燥肿裂，胃囊里早已空无一物，浑身上下痛楚到无以复加的地步。

"我遥望着并无风景可言的远方，再次静静地扪心自问：'我究竟拥有做奴隶的灵魂，还是做自由人的灵魂？'我顿时从中极其明确地领悟到一个道理，要是我有着做奴隶的灵魂，我将会放弃求生的欲望，情愿躺倒在沙漠中无助地等待着死亡，这也是绝大多数逃跑奴隶的下场。

"然而，要是我具有做自由人的灵魂，那该如何做呢？毫无疑问，我得拼尽全力回到巴比伦，把积欠的债务偿还给那些曾经信赖我的债主，为我爱妻带来快乐的生活，为我父母带来安宁与满足。"

与你的债务进行搏斗

"希拉曾对我说：'你的债务就是迫使你离开巴比伦的敌人。'是啊，这绝对千真万确！以前我为何不能做一个顶天立地的男子汉呢？我为何允许我的爱妻回娘家去投靠她的父亲呢？

"奇妙的事情发生了，我透过有色石片看待世界的眼光突然消失了，我看到了世界原本的颜色和人生的真谛。我意识到必须回到巴比伦，诚实地面对债主，还清债务，让妻子安顿下来，成为父母的骄傲。我支撑着疲惫的身体，内心充满毅力与信念，渴望回到巴比伦，击败债务之敌，报答亲友。

"两只昏眩的骆驼听到我坚定的叫声后，眼睛变得明亮，最终挣扎着站了起来。我们一同向北行进，我内心充满决心：我们一定能回到巴比伦！后来，我们找到了水，并进入一片肥沃的地区，有草木和果子。我们还找到了通往巴比伦的路。这一切都是自由人的灵魂在暗中保护我，因为自由人认为人生充满了问题和考验，需要勇敢地面对并解决。而做奴隶的灵魂则只会低头哀叹：'我不过只是一个无足轻重的奴隶，我又能做些什么呢？'"

故事讲到这里，达巴希尔话锋突然一转，高声说道："塔卡德，你呢？你空然无物的胃能否使你的脑袋变得更加清醒呢？你是否想要踏上赢回自尊的道路呢？你能看清楚这个世界的真实颜色吗？不管你的债台有多高，你会渴望老老实实地偿还债务，以便再度成为一个值得巴比伦人尊敬的人吗？"

　　此刻，塔卡德的双眼早已满含泪水。他满腔激情地站直了身体，说道："达巴希尔，你不但给我上了一堂令我永生难忘的课程，还给我带来了全新的眼界，我感到我的灵魂里已激荡着渴望当自由人的意念与决心。"

　　一位感兴趣的听众好像意犹未尽，恳切地问道："可是后来你是如何清偿债务的呢？"

　　达巴希尔回答："有志者事竟成！当时我痛下决心，并开始四处寻求出路。我拜访了所有债权人，请求他们给我更多时间来还债。有的债权人态度恶劣，但有的很愿意帮忙。商人马松给我提供了急需的帮助和宝贵的建议。他得知我曾在叙利亚当骆驼夫，推荐我去找骆驼商人老纳巴图，因为巴比伦国王正委托他购买大量骆驼。通过跟随老纳巴图，我得以充分发挥我的骆驼知识，并逐步偿还了债务。最终，我重拾自信，成了一个值得尊敬的自由人。

　　"有关我偿还债务的具体方法和故事，我已刻写在 5 块泥板上，你们随时都可以去细细阅读它们。"

　　达巴希尔再次转向他的食物，他大声呼叫掌柜："考斯柯，你这慢吞吞的蜗牛，我的食物早已凉了。快给我来些刚烤好的新鲜羊肉，也给塔卡德来一份特大的羊肉，我老朋友的儿子已经饿得不行了。现在，他可以跟我一块享受这些美食了。"

　　达巴希尔讲完了他的传奇故事。只要掌握智者揭示的哲理，人就能找回自由人的灵魂。这些哲理世代相传，帮助人们还清债务、消除贫困，获得财富和成功。

开启搞钱计划：结束入不敷出的生活

①放纵自己，常常花钱没有节制，以致入不敷出的人，往往内心充满了怯懦，也终将自食苦果，最后必定遭到严酷的惩罚，走向困窘与羞辱的结局。

②假如你具有高尚的心灵，你就会坚决而睿智地同债务进行搏斗，你最终必定会战胜并且制服它们，重新赢得你的尊严，因为"有志者事竟成"这句哲理之言始终发生效力。

第三则　找到适合自己赚钱的事业

萨鲁·纳达的计划

萨鲁·纳达是巴比伦商界最受人尊敬的佼佼者之一，此刻他正神气昂扬地骑着一匹高头大马，带领一支豪华的商队向前行走着。萨鲁·纳达很喜欢穿着看起来既体面又舒适的上好衣服，也喜欢品种优良、长得健壮的马匹，更喜欢就这样舒服惬意地坐在马背上一路往前行进。看到他眼前的模样，没有人猜得到他早年的光景究竟怎样。无疑，人们不会联想到他也曾有过痛苦的遭遇。

从大马士革回到巴比伦的路途相当遥远，穿越沙漠的旅程亦极其艰辛。沿途的阿拉伯部落无不骁勇凶猛，随时都有可能伺机大肆劫掠来往的富庶商队。然而萨鲁·纳达对这些丝毫不用担心，因为他雇用了大批善骑能战的保镖随行，安全问题自然不足为虑。

假如说萨鲁·纳达眼下真有什么值得忧虑的事，那便是从大马士革就一直伴随在他身边的这位年轻人了，这个年轻人名叫哈丹·古拉，一路上确实令他非常困扰。哈丹是他过去的商业伙伴以及恩人阿拉德·古拉的孙子，萨鲁始终认为，自己一辈子也报答不了阿拉德的深厚恩情，因此他希望自己可以为阿拉德的孙子尽点心意。可是哈丹·古拉这个年轻人格格不入，他想不出有什么好方法能够给予哈丹·古拉真正的帮助。

萨鲁·纳达抬眼较为仔细地看了看这小伙子身上的戒指及耳环，心里想着："亏他长得还挺像他的祖父，他祖父可从来都不做如此俗丽的装扮。可是我带他出来，目的就是希望能够帮助他奠定自己的基业，进而从他父亲倾家荡产的阴霾中摆脱出来。"

不料，哈丹突然打断萨鲁的思绪，问道："你为何总要这么辛辛苦苦地工作，千里迢迢地骑着马，带领商队不分严寒酷暑地长途跋涉呢？难道你就不找找时间享受人生吗？"萨鲁轻轻地一笑，回答："享受人生？如果你是我，你会如何享受人生呢？"

"要是我像你那么有钱，我会生活得如同王子那样，绝不会如此辛劳地横越酷热难耐的沙漠。我会尽快花掉流入我口袋的每一块钱，我将穿戴最华丽的衣服与稀世的珠宝。这就是我一直梦想的生活。"哈丹说完，两人都不禁笑了。

萨鲁有意地试图提醒他："你祖父可是从来都不佩戴珠宝的！"接着又开玩笑似的说："难道你一直都不把时间用在工作上吗？"

哈丹毫不思索，便回答说："没错，工作只是给奴隶做的。"

萨鲁的下一句话已来到嘴边，可他没有说出口，他只是静默地骑着马，直至来到一个小坡。他面向遥远的绿色山谷，对小伙子说："你看，我们快到山谷了。你往远方望去，就可以依稀看到巴比伦的城墙了。"

哈丹感叹道："那便是巴比伦吗？我真的十分渴望亲眼见识一下这个全世界最富裕、最繁华的城市。巴比伦是我祖父白手起家的地方，如果他现在还活着就好了，那我的生活也不至于这么困顿。"

萨鲁说："你跟你父亲完全可以传承他的衣钵啊！"

"唉，我们父子俩都不具备祖父的那份天赋。我们也从来不懂得他赚钱的秘诀。"哈丹叹气道。

萨鲁·纳达不再言语。

很快，他们就踏上直通巴比伦王国的大道，从一片经过灌溉的水田边穿行而去。三位农夫正在用公牛犁田地，显得非常疲惫。萨鲁对他们既陌生又熟悉，他的直觉告诉他，这些人就是自己40年前经过这里看到的农夫。40年前，萨鲁曾羡慕这些农夫，但现在他的情况完全不同了。他自豪地回头看着他的商队，包括骆驼、驴子和从大马士革运来的珍稀货物。

他指着那些犁田的农夫，对哈丹说道："这些人的状况同40年前一样，还在犁同样的一块田。"

"看起来似乎是这样。可是你有何根据地认为，他们必定是40年前的那些农夫呢？"

萨鲁简短地回答："我以前在这里见过他们。"因为阿拉德·古拉的友善使他与眼前的这个年轻人之间的隔阂消失。萨鲁真心想帮阿拉德的孙子哈丹成功，但帮助只想享乐的年轻人是个难题。

他问哈丹："你有兴趣听一听，你有钱的祖父跟我是怎样合作做生意并最终致富的吗？"

年轻人毫不掩饰地说："告诉我你们是如何赚到钱的就足够啦，那才是我有必要了解的。"萨鲁不理会他，继续说："最开始的时候，这些农夫也是在这里犁田地。我当时的年龄跟你现在相差无几。与我链成一排犁田地的人当中，有一位老兄名叫梅吉多，他嘲笑那些农夫粗率的犁田方式，说：'看看那些懒惰、散漫的农夫，丝毫没有握紧犁把，他们可以耕得更深一些，鞭打牛的人同样没有让牛用力再耕深一点儿。如此一来，怎么能期待有很好的收获呢？'"

哈丹不由得显露出十分惊讶的神色，追问："你说什么？你是说你跟梅吉多链在一起？"

"是啊，一副铜制的镣铐紧紧地套住我们的脖子，中间用一条长长的链子连接着。梅吉多旁边链着的那个人，就是偷羊贼萨巴多，我是在我的故乡哈容与萨巴多认识的。链在最边上的那个人，我们都称他为'海盗'。我们被结结实实地链成一排，这样才能4个人并排走路。"

哈丹满脸惊愕，不敢相信地说："你说你曾被当成奴隶链起来过？"

"你祖父难道没跟你说过，我以前是一个奴隶吗？"

"我祖父确实常常提到你，可是他的话里并未透露出你曾经当过奴隶。"

萨鲁·纳达两眼直视哈丹，说道："他的确是一个很值得信赖、可以放心把所有秘密托付给他的人。你也是值得我信赖的年轻人，对吗？"

哈丹说道："你可以相信我绝不会对外人说出去。可是这件事着实令我十分惊讶。请告诉我，你是如何变成奴隶的？"

萨鲁耸了耸肩膀，说道："事实上，每个人都可能发现自己是某种东西的奴隶。我哥哥在一次赌场争吵中不小心杀了一个朋友。我父亲拼命想攒钱打赢官司，好让我哥哥免遭起诉，因此就把我抵押给一位寡妇。可是，我父亲后来没有凑到足够的银钱把我赎回去。这位寡妇一怒之下，就将我卖给了做奴隶交易的商人。"

哈丹激愤地抗议道："这真是太不道德了，一点起码的公平与正义都没有！可是，你是如何重获自由的呢？"

萨鲁·纳达说："我会讲到这一段，不过请你耐心点，让我接着往下讲。

"当我们经过那群懒惰的农夫身边时，就连他们都要轻蔑地嘲笑我们。其中有一个农夫戏弄似的脱下他破烂不堪的帽子，故意对我们鞠了一躬，还大叫说：'欢迎你们光临巴比伦，国王的贵宾们！国王正在城墙那边热切地等候着诸位大驾光临，他已为你们大摆宴席，还有泥砖和洋葱汤。'

这话惹得一群人满堂哄笑。

"'海盗'极其愤怒，板起脸严厉地咒骂他们。我问他：'那些人说，国王正等着在城墙那边准备宴请我们，这话是什么意思？'

"他回答：'就是要我们到城墙那边挑砖块，挑到你的腰背折断惨死为止。或许在你折断腰背之前，早就被国王的部下活活打死了。我绝对不会让他们打我，我一定会跟他们拼命。'

"此时，梅吉多一脸严肃地说：'我认为做主人的不会把愿意辛勤工作的奴隶活活打死。其实他们很喜欢勤奋劳作的奴隶，也必定会善待这样的奴隶。'

"萨巴多显出愤愤不平的样子，'有谁会辛勤工作？就连那些看上去很辛勤耕作的农夫，其实都是一些明哲保身的家伙，他们才不愿意把自己的脊背给弄断呢。他们不过是表面上装出一副很辛勤的模样，事实上也是混混日子罢了。'"

事业是你的好朋友

"梅吉多马上抗议道：'你根本就不应混事与偷懒。要是你犁完了一公顷的田，主人会清楚你今天做得很好，然而你只犁了半公顷的田，很明显你这就是在偷懒。我从来都不会偷懒，我非常喜欢工作，喜欢把工作完成得很好，因为工作一直是我最好的朋友！辛勤工作使我曾经获得了所有的美好东西，如农田、母牛和农作物，还有其他一切的一切。'

"萨巴多轻蔑地嘲笑说：'是啊，可现在那些美好的东西又在哪儿呢？不如放聪明一些，既然一样有钱能拿到手，又何必那么勤苦卖力地工作？若是我们都被卖到城墙边，你瞧我萨巴多，肯定被分派去挑水或做其他轻松得多的工作，可是你，一个如此喜欢工作的奴隶，将会被分派去挑沉重的砖头直至折断脊背。'他一边说，一边得意地不停嗤笑。

"那个晚上，一种莫名的恐惧深深地缠绕在我的心头。我彻夜辗转反侧，无法入眠。当其他链在一起的人都沉沉地进入梦乡时，我趁机凑近警卫的界线绳，有意引起第一班警卫戈多索的关注。戈多索曾是阿拉伯的一名强盗，阿拉伯强盗向来生性凶恶、残忍，一旦他瞄上你鼓起的钱袋，就必然会出手掠夺它，还会立即切断你的喉管。

"我压低声音探问道：'戈多索，请你告诉我，如果我们到了巴比伦，是否会被卖到城墙边呢？'

"他很好奇地反问：'你为何要打探这件事？'

"我苦苦地央求他：'你难道不知道吗？我现在还很年轻，我希望好好活下去。我不想让自己在城墙边被迫奴役或被凄惨地打死。不知道我是否有机会碰到好的主人？'

"他尽量压低嗓门小声回答：'我可以告诉你，你是一个很好的家伙，从来都没有给我招惹一点麻烦。通常来说，你们首先会被带到奴隶交易市场。你认真听着，当有买主过来时，你就要主动地告诉他们，你是一个很好的工人，乐意尽心为好主人辛勤工作，并诚恳地说服他们出钱买你。要是你不能说服他们把你买回去，第二天你就只好等着去城墙那边挑砖头吧！你瞧，辛勤工作的力量是多么伟大啊！'

"戈多索离开后，我躺在沙地上思考工作的重要性。梅吉多认为工作是他最好的朋友，我也开始思考工作是否会成为我最好的朋友。如果工作能帮助我摆脱悲惨的境地，那么它就是我的好朋友。梅吉多醒来后，我告诉他这个好消息，这是我们迈向巴比伦的一缕曙光。我们到达巴比伦墙边，看到许多奴隶像蚂蚁一样在劳作，包括挖护城河、制作泥砖和搬运砖块等任务。成千上万的人在做这些苦力工作。

"监工们大声地咒骂动作缓慢的奴隶，猛抽鞭子笞打跟不上队伍的人。可怜、羸弱、疲惫的奴隶体力不支，瘫倒在地。若鞭笞无效，他们会被拖到另一堆同样情形的奴隶旁，等待被丢进坟墓。目睹此景，我浑身战抖。我们穿过城门，被关进牢房，再被推到奴隶市场围栏中。所有奴隶诚惶诚恐，只有守卫的皮鞭才能让他们移动，以便买主细看。梅吉多和我急切地希望向愿意沟通的买主传达心意。贩卖商人先带来国王卫队军官，他们挑选了海盗。海盗被铐上时激烈地反抗，士兵们无情地鞭打他。海盗被带走时，我为他感到伤心。

　　"梅吉多发觉很快就轮到我们了。当没有一个买主挨近我们时，梅吉多便非常热切地以'工作对我的未来是何等重要'之类的话语来安慰我，他说：'一些人视工作为仇敌，但请记住，工作的辛劳和困难只是暂时的。当你完成一项伟大的工作，如建造一座漂亮的房子时，那些曾经的艰辛都会变得微不足道。所以，如果你有幸被雇佣，就要全力以赴，尽心尽力地工作，无论主人是否感激或欣赏你的努力。记住，做好主人吩咐的工作，并自愿协助他人，将会使你变得更加出色和幸运。'梅吉多不再说话，因为此时有一位农夫细细地观看着我们。

　　"梅吉多详细询问农夫农田和收成后，自荐成功。中午时，戈多索告诉我奴隶贩子很不耐烦，可能傍晚将所有奴隶交给国王部下。当我正感到绝望时，一位和蔼的胖师傅询问是否有面包师傅。

　　"我立即抢着对他说：'你这样优秀的面包师傅为何要到这种地方找帮手？找一个愿意学习糕饼制作的人不是更容易吗？看看我，年轻力壮，愿意为你工作。给我一个机会，我会帮你赚更多钱。'

　　"他对我印象非常深刻，开始同奴隶贩子讨价还价。我感觉自己仿佛是一头肥牛，正被贩卖给屠夫。最后达成交易了，这令我无比高兴。

当我跟着我的新主人离开奴隶市场时，我心里真的在想，我就是全巴比伦最幸运的人了。"

要想有钱，就要事业成功

"我的新家很适合我。主人纳纳奈德教我如何利用石磨研磨小麦，升起灶火，磨出上好的芝麻面粉做蜂蜜蛋糕。在仓房里，我有自己的卧铺。老奴婢史娃丝蒂常煮好吃的给我，因为我帮她做很多家务。在新家，我有了展现自己的机会，想成为有用之人，以找到重获自由的途径。我虚心向纳纳奈德学习做面包，并且进步很快。现在我能独立地完成制作和烘焙的任务，主人很高兴他能休息了，可是史娃丝蒂对这些不以为然，她摇头晃脑地说道：'没有工作做，对所有人来说都不是一件好事。'

"我深感是时候考虑赚钱了，以早日赎回自由。如果我中午制作完面包和糕饼后，再从事另一份赚钱的工作，纳纳奈德或许会赞同并分享我的收益。于是，我决定多做一些蜂蜜蛋糕，拿到街上向饥饿的行人售卖。

"我告诉纳纳奈德：'要是我能在为你烘焙糕点赚钱之后，再利用下午的休息时间出去多赚一些钱，如此一来我不但能够拥有自己的钱，用于购买想要和需要的东西，还能够跟你分享我所赚的钱。这样不是很好吗？'

"他认为这个想法很不错。当我具体地告诉他，我的主意是到外面去向那些饥饿的行人兜售我们做的蜂蜜蛋糕时，他显出非常高兴的神情。他说：'就这么办吧。你以一个银钱两块蛋糕的价格卖出，每赚得一个银钱，你就付给我半个银钱作为面粉、蜂蜜以及柴火的成本费。剩下的那半个银钱，我们再每人平分一半。'

"纳纳奈德慷慨地同意给我四分之一的收入。那晚我工作到很晚，做了一个托盘装蛋糕去卖。纳纳奈德也将他一件用不着的发旧的袍子送给了我，好让我在兜售蛋糕时不至于看起来像个奴隶那样寒酸，史娃丝蒂则帮我修补且清洗了这件袍子。

"第二天，我烤了更多蜂蜜蛋糕，下午到街上售卖。起初无人问津，但我耐心地等待，傍晚时饥饿的人们开始购买，整盘蛋糕很快售完。纳纳奈德很高兴，立刻分钱给我。我激动不已，终于有了自己的钱。梅吉多说得对，为主人努力工作的奴隶会得到赞赏。那晚我兴奋得难以入睡，计算着一年能赚多少钱，多久后能赎回自由身。

"我继续每天上街售卖蛋糕，不久就有了一些固定顾客，其中包括你的祖父阿拉德·古拉。他是个地毯商，经常买我的蛋糕，其中两块自己吃，两块给黑奴吃。有时他还会留下来同我聊天。

"有一天，你祖父对我说了一些令我刻骨铭心的话，令我终生难以忘怀。他对我说：'小伙子，我很喜欢这些蛋糕，然而我更喜欢你以这样良好的经营方式售卖这些糕点。凭着如此显著的进取心，你将会大踏步迈向成功！'哈丹·古拉，你能够了解这些激励的话对于当时的我是何等重要吗？那时，我不过是一个孤苦伶仃的、被迫流落在大都会中苦苦营生的小奴童罢了，我正在全力奋斗，竭尽所能地寻找各种门路摆脱自己身为奴隶的耻辱。

"接下来的几个月，我勤勉工作，日夜不停地攒钱与存钱，逐渐有了一些积蓄。如梅吉多所说，工作是我最好的朋友。尽管我感到开心，但史娃丝蒂却显得忧心忡忡。

"她解释说：'你的主人在赌场上花费的时间太多了，这让我极其担心。'

"有一天，我在街上碰巧遇见了梅吉多，实在是令人喜出望外。他一个人带了三头驮运蔬菜的驴子来到市场。他说：'我工作表现出色，得到主人的器重，已晋升为工头。他赋予我重任，让我负责蔬菜的市场销售，并安排我和家人团聚。辛勤工作使我摆脱困境，坚信工作将助我赎回自由身并重新拥有财产。'"

运气垂爱努力的人

"时间一天一天地悄然滑过，纳纳奈德也日益期盼着看到我结束叫卖蛋糕，并迅速回到店里去。他多么焦急地等着我回去，好算一算我当天又赚进了多少钱，然后两人分账。他同时敦促我要想办法去寻找更多的市场，以使兜售蛋糕的数量得到增加。

"我常常跑到城外，向负责监督奴隶建造城墙的监工们兜售我的蛋糕。我非常痛恨回到这样的地方，看着那些十分可恶的场景，然而我发现这些监工还算是颇为慷慨的顾客。有一次，我很惊讶地看到萨巴多排在奴隶队伍之中，他正等着用篮子挑砖块。我看见他那样的境遇，心里感到极其难过，于是拿了一块蛋糕送给他，他仿佛饿狼吞食，把蛋糕一口全塞进嘴巴里。望着他眼神中那副极度贪婪饥渴的模样，没等他来得及搜寻我的行踪，我于心不忍，就赶紧转身迅速躲开了。

"有一天，你祖父阿拉德问我：'你为什么要如此拼命地工作？'他问话的口气就跟你今天问过我的那样。我如实地对他说了梅吉多曾经对我说过的话，还有后来我自己怎样证明工作果真是我最要好的朋友的事情。我很自豪地拿出自己鼓鼓的钱包给你祖父看，并且解释说我要用这些钱赎回我的自由身。

"他追问：'一旦你赎回自由身之后，你想要做些什么呢？'

"我回答：'我要做生意。'

"此时，他偷偷地给我说了一件无论如何我也想不到的事情。他说：'你不知道，事实上我现在也是个奴隶，正在跟着主人一起合伙做生意。'"

听萨鲁说到这里，哈丹·古拉大吃一惊，急忙抗议道："停！我可不愿听到任何诽谤我祖父的谎言，他绝对不可能当过奴隶！"

萨鲁平静地继续说："我很尊敬他能够从非常不幸的遭遇中把自己解救出来并取得巨大成就，成为大马士革一名杰出的子民。作为他的孙子，你不是同他一脉相通吗？难道你缺乏足够的男子气概来面对这样的事实，或者说你情愿活在错误的假象中呢？"

哈丹从骆驼鞍上挺直腰杆，用极力压抑情绪的声音回应道："我祖父历来深受众人爱戴，他一生积德行善不可胜数。可你现在说，他竟然是一个被人鄙夷的巴比伦的奴隶。"

萨鲁·纳达回答："倘若他一生都留在巴比伦做奴隶，那可能真的就确实遭人鄙夷了。可是当他经过自己的不懈努力，改变自身处境而成为大马士革的杰出人物时，真的令人敬重。"

没来得及等哈丹开口，萨鲁接着说："他告诉了我他也曾经是个奴隶后，就解释他渴望能够赎回自由身。那时他已积攒足够的钱用来赎身，然而关于自由之后到底想要做什么，他还是感到十分困扰。他担心将不再取得好的业绩，也担心脱离主人的支持。

"我对他的犹豫和担心很不以为然，告诉他：'不用再依附你的主人。要勇敢去享受当自由人的那种感觉！像一个自由人那样行动，努力追求成功！你应该决定你要达成什么样的目标，然后就让辛勤的工作帮助你达到期望的目标！'听我如此直言'数落'他的怯懦，他说他很高兴从我这里受到启发，然后就离开了。

"有一天，我又来到城门口兜售蛋糕，很惊讶地看到那里闹哄哄地聚集了许多人。我问一位老兄究竟是怎么回事，他回答：'你还没听说吗？有一个脱逃的奴隶杀死了国王的一名卫兵，因此被交付审判。今天他将遭鞭笞的死刑，国王也将亲临现场观看行刑。'鞭笞台四周挤满了人，我丝毫不敢靠近那拥挤不堪的人潮，以免我那装满蛋糕的盘子被挤翻。于是我爬到尚未完工的墙垣上面，越过众人的头想看个确切。我很幸运地找到了一个位置，恰好能够清楚地看到巴比伦国王尼布甲尼撒本人乘坐着金色战车威风而来。我从来没见过那么豪华的场面，那么华美的龙袍与金缕衣，以及那些天鹅绒的装饰布料。

"尽管我能清晰地听到那个可怜奴隶的惨叫声，可我还是无法看见鞭笞的实际情景。我真难以相信，像我们英俊的国王那么高贵的人，怎么忍心亲眼看见这样的场面呢？然而尼布甲尼撒王却一边看，一边跟身旁的贵族们闲谈说笑。这令我认识到尼布甲尼撒王是个残暴无情的君王，我也终于明白，他为何如此不人道，要迫使奴隶建造城墙。

"那个奴隶被鞭笞致死之后，行刑人员把他的尸体吊在一个杆子上高悬示众。等人群渐渐散去后，我走上前去，不料，我看见这个奴隶满是胸毛的胸膛上醒目地刻着两条蛇的刺青。天呐！他竟然是海盗。

"当我再一次遇见阿拉德·古拉的时候，他已经完全像变了一个人似的。他十分热心地同我打招呼，'看啊，你曾认识的那个奴隶，现已重获自由。你的话具有神奇的力量。我的销售数量与利润持续增长。我的妻子，她是天生的自由人，也是我主人的侄女，我对此深感欣喜。她期望我们能迁往陌生之城，远离我曾经的奴隶身份。这样，我们的孩子也将免受同样的命运。工作成为我最好的朋友与助手，让我重拾自信，也增强了我经营生意的能力。'

"我也很高兴自己能报答他曾经给过我的极大鼓励。可是有一天晚上，史娃丝蒂极其惊慌而沮丧地跑来找我，她说：'你的主人已陷入大麻烦了。我真替他担心。几个月前，他在赌场上输掉了大把的钱，因此他还没有付谷粮和蜂蜜的钱给农夫，也没有余钱偿还债主。那些债主和农夫非常愤怒，而且还恐吓他。'

"我未经思考就说：'为何我们非得替他的愚昧行径忧心忡忡呢？我们又不是看管他的人。'

"史娃丝蒂骂道：'你这愚蠢的年轻人，按照法律你是主人拥有的个人财产，他有权把你拿去质押借钱。他是一个好主人，可是为什么遇上这样的麻烦呢。'

"史娃丝蒂的担忧确实是很有道理的。第二天当我正在烘焙面包时，有个债主带了一名叫萨希的人来。这个人上下仔细打量了我一番，然后说，他愿意成交。

"于是，这个债主没等我主人回来，就叫萨希将我带走了。当时我身上只披有一件袍子，腰间挂着一袋装有自己一切积蓄的钱囊，顾不得炉子里的面包还没烤熟，就匆匆地被带走了。"

运气和财富背后的真正秘密

"就是这样的不幸，我又一次成了赌场的受害者。

"萨希是一个粗鲁且迟钝的人。我告诉他，我是怎样忠心耿耿地为纳纳奈德工作的，我也期盼可以好好地为他工作。然而萨希的回答丝毫没有鼓励的味道，他说：'我厌恶那样的工作。我的主人也厌恶。只是因为国王叫我的主人派我去修筑大运河的其中一段，所以我主人叫我去多买些奴隶，尽早把修筑的工程做完就算了。唉！那么宏大的一个工程，谁可能一下就将它修筑完毕呢！'

"在沙漠中，只有几株矮灌木，烈日炙烤，水袋里的水滚烫。奴工们从黎明到黑夜，不断地在壕沟里挑泥土。他们的食物像猪饲料一样放在敞开的器槽里，没有帐篷和稻草床。这是我当时的处境，我把钱埋起来并做了记号。一开始时我乐于付出努力，但几个月后，我精神崩溃，身体疲惫并患上热病，食欲开始不振，每晚都无法入睡。在这样的遭遇中，我想起奴隶同伴萨巴多的话，他建议浑水摸鱼以避免过度劳累。但我仔细思考，我确定他的方法不是最好的选择。

"我考虑过像海盗那样反抗，但想到他满身鲜血的样子，觉得这不可行。我又想起梅吉多，他努力工作且总是快乐的，他的方式可能是最好的。我和他一样努力工作，但为何我没有得到幸福和成功？我对此深感困惑。几天后，我的问题仍未得到解答，但萨希召唤我，让我跟随信差回巴比伦。我匆忙挖出埋在地下的钱囊，穿上破旧的袍子，忧心忡忡地跟随信差回家。

"一路上，我发着高烧，此时的光景就如同故乡一首歌谣里那些诡异的歌词中说的：'厄运好像一场龙卷风，如暴风雨般把人卷走，其行踪无人可跟得上，其结局也无人能预料。'

"当我和信差来到主人家的院子时，我感到多么惊讶啊！没想到竟是阿拉德·古拉在等着我。他立即帮我卸下行李，还像拥抱一个多年不见的亲兄弟那样热烈地拥抱着我。

"当我们迈步向前走时，我按照奴隶该有的礼貌跟随在他的身后，可是他不准许我这么做。他伸出手臂环绕着我的肩膀，说：'我一直四处找你！当我几乎不再抱有希望时，我有幸碰到了史娃丝蒂，她告诉我谁是你主人的债主，这位债主又告诉我买下你的新主人是谁。这个新主人确实分毫不让地跟我讨价还价，令我被迫支付了相当大的一笔钱，可是为你花再多的钱都值得！你宝贵的人生哲学和你的进取心，时时令我深受鼓舞，使我能取得今天如此令人振奋的成就。'

"我急忙说：'它应该是梅吉多的人生哲学，并不能算是我的。'

"他说：'那是你跟梅吉多的哲学。你们两人，我都应该感谢。这几天，我们全家就要搬到大马士革去，我很需要你成为我生意上的伙伴。看啊，再过一会儿，你就是一个真正的自由人了。'他一边说着，一边从袍子里拿出一块刻有我姓名，表明我奴隶身份的泥板。他将这块泥板高高地举过头顶，并重重地摔到地上，然后他兴高采烈地在那些碎片上用脚狠狠地践踏，碎片一转眼间就化为尘土。

"顿时，我的眼眶噙着满是感激的泪水。我深深明白，我此刻真是全巴比伦最幸运的人。

"你瞧，辛勤工作就是如此，每当我处境最凄惨之时，机遇总是犹如精灵一般适时出现在我面前，以实际情形证明工作是我最要好的朋友。我甘愿工作的积极心态与行动，使我可以逃过被卖去修筑城墙的苦奴命运。更重要的是，我的辛勤工作使你祖父对我产生了深刻印象，他不但解救了我，而且挑选我做了他的生意伙伴。"

哈丹·古拉两眼不禁一亮，问道："莫非辛勤工作也是我祖父发家致富的秘诀？"

萨鲁·纳达神情肃然地回答："自从我跟他认识的第一天起，我就确信，辛勤工作就是他发家致富的唯一秘诀。

"你祖父向来十分勤奋而且享受工作，众神都非常眷顾他的勤勉努力，也回馈他慷慨的报偿。"

哈丹若有所思地说："我至今才开始意识到，辛勤工作使我祖父深深地吸引了许多敬佩他勤勉精神的人，乐意同他做朋友，进而使他走向成功。辛勤工作也使他在大马士革进一步赢得了荣誉与尊敬。总之，辛勤工作使他获得了无数有价值的东西。回想起来，真是有辱家门，我原先竟以为，工作只是天生就该由奴隶做的事情。"

萨鲁不由得深有感触地说："我很庆幸工作并非只是为奴隶而设的，要不然，我最大的人生乐趣就被生生地剥夺了。"

萨鲁·纳达和哈丹·古拉来到巴比伦墙处，继续向铜制城门前进。城门卫兵向萨鲁致敬，他气宇轩昂地率领商队穿过城门进入街市。

　　哈丹向萨鲁透露他希望成为像祖父一样的人，并决定学习祖父的成功秘诀。萨鲁告诉他祖父成功的秘诀后，哈丹感激并决定追随萨鲁，摘下珠宝和戒指，开始辛勤工作。凭借这个秘诀，哈丹最终传承了祖父和萨鲁的辛勤工作、运气和财富。

开启搞钱计划：要求财先成事

　　①热爱你的工作，把辛勤工作视为你最好的朋友！唯有如此，幸运才跟你结伴同行，不但能够让你免遭厄运及灾难的降临，甚至有时还会挽救你的生命。

　　②一切财富的积累都是从辛勤工作开始的，你越是积极努力工作，你就越容易赚取更多的金钱，也就越容易成为有钱的人。

　　③为了自身发展而辛勤工作就是创造运气与财富的秘诀，这个秘诀对每个人都十分简单有效，且毫无例外。坚持这一信念的人既可以解救自己于苦难之中，又可以成就自己无限精彩的人生。

　　④与其坐等继承家里的财产馈赠，不如用心寻找并投身于能够充分发挥自己才能的事业，通过辛勤工作赚取金钱。幸运也会垂爱乐于为事业奉献的人，这样，你最终不仅会拥有财富和荣耀，还会赢得他人的敬重。

第四则 学会投资，让钱生钱

最宝贵的教训

罗丹是巴比伦一位极为出色的矛头制造工匠，他此时正无比开心地快步走在国王宫殿外宽阔的马路上。他很开心，因为他的大皮囊里正装满了足足50块黄金！50块黄金啊！这是他以前从未拥有过的黄金数量，他高兴得恨不得尽情跳跃起来。随着他抬头挺胸、气势高昂地向前迈步，每一次走动的步伐都使得皮囊里的金子发出叮叮当当的响声，这或许是罗丹有生以来听到的最美妙的音乐。

50块黄金！全属于自己一个人拥有的黄金！他的确难以相信这竟然是真的，甚至不敢相信自己会有这样的幸运。这些金子究竟代表着什么？潜藏着怎样的力量呢？至少，它们能够用来购买罗丹喜爱的许多物品，比如一幢豪宅，一片土地，一群牛、骆驼、马或者华丽的战车——所有他想要的东西或许都可以买到！他应该如何运用这些黄金呢？那天他整个脑子尽是这些熠熠闪光、沉甸甸的一块块黄金，仿佛除此之外，全世界其他东西都早已不存在。

然而仅仅数天之后的一个黄昏，满脸困惑不解的罗丹却怎么也高兴不起来，他心情很沉重地走进了马松的钱庄。马松是一个专门从事黄金借贷业务以及珠宝、丝织品买卖的生意人。罗丹都来不及看店里左右两边摆得琳琅满目的货品，就径直越过待客处，一直朝里走。他一眼就瞥见优雅的马松正舒舒服服地斜倚在毯子上，满意地享受着奴隶刚刚端上来的食物。

罗丹微微张开两脚，皮外套半敞着，略微露出了浓密的胸毛，他一头雾水的样子，不知所措地站在马松面前，并吞吞吐吐地说："我……我想向你请教一件事，因为我确实不知道该如何做才好。"

马松消瘦、泛黄的脸庞即刻显露出友善的笑意，他向罗丹打了一个招呼，亲切问道："你难道做了什么让自己后悔不已的事，居然需要找到钱庄来了？难道是在赌桌上运气不好？或者有什么丰满而美妙的女子令你迷惑？我们相识这么多年以来，你可从未找过我替你解决任何困难。"

"不！不！事情不是那样的。我不是来找你借金子的，我只是恳请你可以给我一些明智的忠告。"

"听啊！你听！这个人在说些什么呀？世上从来就没有人会找出借黄金的人寻求什么忠告，我的耳朵不会是出毛病了吧？"

"不！我说的都是真的。"罗丹十分肯定地说。

"很多人为了自己做的荒唐事来找我借黄金，然而他们从来都没有谁想要听我的什么忠告。不过话又说回来，世界上还有什么人比出借黄金的人和钱庄老板更有资格给人提忠告呢？"

不等罗丹开口，马松继续说道："好吧，现在你就告诉我，你究竟遇到什么困扰了？"

罗丹说："国王对我为皇家卫队设计的新矛头感到非常满意，因此赏赐我50块黄金，可是我现在却因这份礼物而非常苦恼。"

罗丹停了一会儿又道："白天里，每时每刻都有人恳求我跟他们分享一点这些黄金。"

马松回应道："那是自然会发生的事情，想要拥有黄金的人，肯定比已经拥有黄金的人多得多，而且他们总是企盼已经获得黄金的人可以顺手借给他们一些。不过，难道你不可以说'不'吗？你的意志力难道不是跟矛头那样强硬有力吗？"

"我当然能够对很多人说'不'，然而有时候，点头总是比摇头要容易许多。一个人难道会不愿意或不应该同自己深爱的亲姐姐分享黄金吗？"

"那是当然。同时，我想你自己的姐姐也并不希望剥夺你独享报偿的快乐吧！"

"可是，她要我的黄金是因为她极其希望她的丈夫阿拉曼可以成为一名富有的商人。她觉得阿拉曼一直没有遇到过机会，于是她恳求我将这些黄金借给他，好让他有机会能够成为富翁，还说到时候他再从利润中拨出黄金来偿还我。"

马松稍微沉思了一会儿，说："我的朋友，你提到的这个问题确实很值得细细讨论。黄金可以使人感觉力量大为增加，足以做出许多美好的事情，不过黄金在带来大量机会的同时，也会因持有黄金的人心态软弱而带来极大困扰与烦恼。

"你是否听说过，尼尼微有一个农夫听得懂动物语言的故事吗？尼尼微的农夫能听懂动物语言。一天，他听到公牛抱怨自己拉犁耕田的辛劳，而驴子生活得很悠闲。驴子提出让公牛假装生病以逃避劳作，结果主人让驴子代替公牛拉犁。驴子辛苦一天后，意识到被朋友欺骗，愤怒不已。晚上，农夫再次听到动物们的对话，公牛感谢驴子的帮助，而驴子则警告公牛主人要卖掉它。从此，二者断绝了友谊。"

罗丹当即回答："这果真是一个很好听的故事，然而我听不出其中蕴含着什么教训。"

"你也许听不出其中的道理，但这个故事有个重要的教训：帮助朋友是可以的，但不能把他们的负担全揽在自己身上。"

"我从未想过这一点。这是一个非常明智的教训。我不想承担我姐夫的全部负担。但请告诉我，你借给那么多人钱，他们都会按时偿还吗？"

马松经验老到，对此问题一笑置之："难题啊，借黄金不还怎么办？出借者得聪明绝顶，审慎判断，预测能否收回。确实有人不明智，赚不到黄金，使得债主难收回黄金。这样好了，我带你去看库房的东西，让它们自己讲故事吧！"

最安全的借贷

马松走进库房拿出一个箱子，说："任何向我借贷黄金的人，都一定要留下抵押或担保品存放在这个箱子里，只要他们还清债务，我就如数还给他们。若是他们尚未还清债务，这些抵押品将会时时提醒我，哪些人的借款信用是不可靠的。

"箱子中这些抵押品以及我的经验一再告诉我，最安全的借贷，就是借给那些自身拥有财富的价值超过其所借款项的人。比如，他们拥有土地、珠宝、骆驼或其他东西，可以变卖后用于偿还债务，借给他们的黄金是根据其财产价值来估算的。另一种人是具备赚钱技能的人，他们靠劳力、技艺或服务取得报酬，有稳定收入。只要他们诚信老实，没遭遇不测，就能还清借贷的黄金和利息。这类借贷按借款人的赚钱能力估算。还有一些人既无财产又无固定收入，生活艰苦。尽管如此，我还是会借一些黄金给他们，但必须有信得过他们人格的朋友做担保，否则我的抵押品箱子会对我责怪不已。"

马松打开箱子，罗丹好奇地探头望去，看到一串珠宝项链铺在大红色布块上。马松伤感地轻抚着项链说："这是我朋友的抵押品，他已经过世了。

我们曾一起做生意成功了，后来他娶了一个美丽的东方女子为妻，为了博取妻子的欢心，他不顾一切地挥霍黄金。耗尽黄金后，他向我求助，并发誓要东山再起。然而，在一场争吵中，我朋友被妻子拿刀刺中心脏不幸身亡了。"

罗丹听得心都快跳出来，急切地追问："那他妻子后来怎样了？"

马松沉重地说："她因痛苦和懊悔投河自尽，那笔贷款永远无法偿还。罗丹，这抵押品告诉我们，借钱给苦闷中的人是不太安全的。"

马松拿起一个牛骨雕刻的牛铃，说："这是农夫的信物。我常向农夫的妻子买毯子，后来农夫因蝗虫灾害缺食，我借钱给他。农夫后来听说有优质山羊，想买来织地毯，再借入黄金。如今农夫已开始牧养山羊，一年后可为巴比伦的贵族制作昂贵的地毯，届时将还清债务取回牛铃。"

罗丹问："还有借款人这么做，让别人去赚钱的吗？"

马松答道："要是他们借钱的目的是赚更多的钱，我当然认为是可行的。然而若是他们借钱是为了一些奢侈而荒唐的不当开销，我就要警告你，千万当心你借贷给他们的黄金会有去无回。"

马松拿起一个绿松石刻的甲虫，然后又不屑地把它丢了回去，说："这是一个来自埃及的臭虫！拥有这个雕虫宝石的埃及小伙子，丝毫都不在乎我能否收回他欠下的黄金。当我对他催债时，他总是说：'我的运气这么差，根本还不了钱！这个抵押品是我父亲的——他是一个拥有大量田产的人，他保证会拿他的田产以及畜群全力支持他儿子的事业。'这个年轻人一开始做生意还算很成功，可是太急于致富了，再加上他欠缺有关的知识和经验，最后生意就做垮了。"

马松极为感慨："很多年轻人虽然雄心勃勃，但常想走捷径。他们盲目地向他人借钱，追求快速致富。然而，缺乏经验的他们不明白，难以偿还的债务会让他们陷入无法自拔的深渊，白天无法感受阳光的明媚，黑夜里则满是失眠的痛苦。我自己也曾经通过借贷黄金来创业，我不反对年轻人借钱，而是建议他们明智地使用资金。"

谨慎且明智地借出你的金钱

罗丹鼓起勇气说："你说了很多有趣的事，但似乎没有解决我的实际问题。我仍然不清楚是否应该借给我姐夫 50 块黄金，这些黄金对我来说非常重要。"

"我一直很敬重你姐姐，假如她丈夫找我借 50 块黄金，我首先要问清楚他借黄金做什么用。"马松答道。

"若是他回答，'他想变成一个像我这样的商人，买卖珠宝以及各式各样的装饰品。'我会问：'你对这一行掌握了多少知识和经验呢？你知道在什么地方可以买进最低价的货物？又在什么地方可以卖到最合理的价格呢？'你姐夫对这些问题都能做明确而肯定的答复吗？"

罗丹承认："不，他并不懂得这些。"

"既然是这样的情况，我就会对他说：'你借钱的目的并不明智。商人必须精通做他那一行生意的窍门和细节。你的雄心壮志固然很有价值，可是不切实际，我不会借黄金给你。'

"可是，假使他回答：'我懂得如何去伊什麦那低价求购家庭主妇们编织的地毯。我还认识很多巴比伦的富翁，可以将便宜买来的地毯以满意的价格卖给他们。'那样我就会说：'你借钱的目的非常明智，你的企图也相当了不起。要是你能够保证还清这笔黄金，我很乐意借给你 50 块黄金。'然而，要是他说：'除了诚实可靠的信誉之外，我没有其他任何东西可做担保，但是我一定会支付给你利息。'那么我将回答：'你知道我无比珍惜每一块黄金。万一你在前往伊什麦那的途中或回程时，遇到强盗抢走你的黄金或地毯，那你就没有什么东西可用来还我，如此一来，我的黄金就只会一去不复回。'"

马松很严肃、认真地接着说:"罗丹,你看,只把黄金借出去是一件极其容易的事情。可是如果出借得不明智,你就无法收回来。所有聪明的债主都不会冒险且随便地把金钱借给别人,除非借方提供抵押品做担保一定能清偿债务。"

马松继续说道:"帮助遇困者、不幸者以及创业潜力者,都算是善举。不过伸出援手需要智慧,避免像驴子一样背负他人的重担。

"坚守你那50块黄金是明智之举。你凭借技艺赚钱,酬劳应归你所有,除非你愿意分享。若你想通过借出黄金赚取利息,务必谨慎行事,并考虑分散风险,将资金借给多个人。我不喜欢资金闲置,但更不愿冒大风险外借。"

马松忽然问道:"你当矛匠总共多少年了?"

"整整3年了。"

"除了国王给你的那些黄金之外,你还有多少黄金?"

"3块。"

"这么说来,50块黄金可得让你辛勤工作五十年,并且要省吃俭用,才能存得起来哟!"

"恐怕要一辈子辛勤工作,省吃俭用才可以办得到。"

"仔细想想看,你糊涂的姐姐居然为了让她丈夫尝试做并没有把握成功的生意,而不惜让你做50年苦工才能得到的黄金陷入极大危险之中,不是吗?"

"的确如此,可我还是不知道该如何向你学习,对我姐姐说类似的话。"

"你就去对她说:'过去三年,我每天勤劳工作,省吃俭用,每年仅存下一块黄金。我期望姐夫通过生意致富,若他能详细地说明做生意的计划,我愿借出黄金支持他一年,以证明他的能力。你就这么说,如果他真心追求成功,并制订了周全、明智的计划,他会通过实际行动来证明给你看。

即使他的计划失败了，他欠你的钱也总有一天会还清的。'"

确保让你的金钱增值的秘诀

马松娓娓道来："我赚得的黄金早就超过自己生意上所需的数额，我诚心希望那些多余的黄金能够帮助其他人，以便可以赚出更多的黄金。然而，我可绝不情愿冒不恰当的风险，以致损失我的任何黄金，因为我为了拥有这些黄金，曾经十分劳碌，并且省吃俭用。所以只要我觉得没有信心，无法确保借出去的黄金必定能够收回来的话，我就绝不会随便出借。我如果认为借款人不能很快地赚到钱偿还我的话，我也不会把钱借给他们。

"罗丹，我已经向你讲了有关抵押品箱子里的不少故事，你应该了解到人性的许多弱点，还有他们渴望借钱却不确定能否及时清偿债务的心态。

"你目前既然拥有了第一笔数额不少的黄金，就应该用它来赚取更多的黄金。假若你依据安全的原则与方法来管理这些黄金，它将会给你带来非常可观的利润，成为你人生财富、快乐与幸福的源泉。可是，倘若你因不谨慎而让这些黄金稀里糊涂地溜走，它将变成你终生痛苦、噩梦和懊恼回忆的根源。"

"你内心深处最希望如何对待你钱囊里的黄金？"马松话锋一转地问道。

"好好地保管它。"罗丹极其认真地回答。

马松立即表示赞同："说得好。你的第一个希望就是确保黄金的安全。那么你想想看，这些黄金交由你姐夫来管理，真的可以安然无恙吗？"

"恐怕不会安全，因为他在保管黄金方面还缺乏足够的智慧。"罗丹老实地说。

"那你就不要受愚昧的责任感影响，把黄金交给别人。你想帮助家人或朋友，可以找其他方法，别冒险失去资产。黄金会从笨拙的主人手中溜走，与其让他人损失，不如自己好好花销。"

马松又问："那么，安全保管黄金之后，接下来又该如何做呢？"

罗丹答道："用它作为本金来赚取更多的黄金。"

"对！你又说出了充满智慧的话。这些黄金应该用来赚钱，使它变得更多。像你这样年纪的人，要是利用审慎、明智出借黄金的方式赚取金钱，完全可以在你变老之前赚得一倍以上的黄金回报。假使你不加思考而冒险地借出黄金，进而遭到重大损失，那么你将同时损失这些黄金可以为你赚更多钱的一切机会。

"所以，任何时候都不要受不切实际的人诱惑，他们的计划常常是不着边际的，他们不过是自以为看到了能发大财的虚假契机。这些计划绝大部分是做白日梦的产物，他们缺少足够的知识与经验，也没有切实可靠的经商技能。因此在你期待赚钱、拥有财富并且享受人生时，最好保持一种较为保守稳健的态度。倘若见有暴利可图便把黄金草率地借出去，这简直等同于开门揖盗，自动葬送了拥有的金钱。

"多跟那些具备成功理财经验的富翁或店主来往与交流，在他们凭智慧与经验使用黄金，且安全守护黄金的情况下，将会使你借给他们的黄金转变成向你滚滚而来的充足财源。

这些睿智的忠告让罗丹在保管及运用自己黄金的方面变得豁然开朗，他忍不住内心的感激之情，当他要衷心地感谢马松这番难得而宝贵的教导时，马松来不及听就接着说道："我觉得你通过这次应该学会了不少理财的知识。假如你真正想拥有这 50 块黄金，你一定要时刻保持谨慎。你会受到很多借钱者的反复试探，也会有很多热心人给你提供所谓的投资建议，而且你会遇到好多看上去很可能发大财的'绝好'机会。然而不管怎样，你务必谨记我抵押品箱子里的那些真实的故事，在你允许哪怕一块黄金离开你的钱囊之前，必须确定一下你借出去的黄金是否可以安然无恙地回来。

要是还需要更进一步的忠告，你随时都可以再来找我，我很乐意继续给你合适的忠告。

"今天，在你离开这里之前，请认真念一下我镌刻在抵押品箱盖底下的一句格言。这句格言在一切情况下都同时适用于放款与借款的人：'永远谨慎一点，远胜过追悔莫及。'"

在不知不觉中，夜幕已悄悄降临，罗丹无比尊敬地跟马松道了晚安。在回家的路上，他一刻不停地思索着一件事情，那就是马松这些睿智的忠告将使他受用无穷，甚至比自己拥有的那50块黄金还要珍贵许多。

开启搞钱计划：谨慎投资，稳健增值

①帮助朋友是可以的，但不要将朋友的负担完全转嫁到自己身上，以免成为自己沉重的负担。最好不要随意借钱给朋友，因为这样做可能会让你失去金钱和朋友。

②可以把钱借给这三种人：拥有的财富大过其所借金额的人；有一份持续而稳定收入的人；可以提供抵押品或可靠担保的人。无疑，他们都应该是自尊自重、值得信赖的人。

③千万别把钱借给这三种人：情绪苦闷、麻烦不断的人；缺乏知识、经验和能力的人；债台高筑、无力偿还的人。总之，一切放纵、不守信用的人都不要借。

④假如你拥有一笔较为可观的钱财，请遵守两条原则：第一是确保它们安全无恙，第二是尽量用它们来赚钱增值。若是第二条你没有把握做到，就请你赶紧回到第一条。

第五则　做一个合格的"守财奴"

最坚固的防护城墙

在战乱频繁的时代，巴比伦人是如何保护自己的财富和繁荣的？答案或许就藏在巴比伦最著名的奇观——巴比伦城墙之中。

巴比伦城墙之下，昔日征战者相继践踏而过的足迹到处都是，所有企图征服巴比伦的民族，几乎都是当时战无不克的强者。不少其他帝国的君王都曾率领重兵重重包围过巴比伦，可是总被巴比伦军队奋力击退，被阻挡在坚固的城墙外面。当时侵略巴比伦的敌军为数众多，历史学家曾估计，一次大规模作战有可能要动用一万名骑兵、两万五千辆战车和一千两百团的步兵。要进行如此大规模的战争，通常至少需要花费两三年的时间来准备作战物资、囤积粮食以及设计行进的路线。

巴比伦直到公元前 540 年前后，才最终被敌军攻陷。即便如此，巴比伦的城墙也没有受到重大损坏。有关巴比伦沦亡的故事非常离奇。当时企图征服巴比伦的波斯王塞鲁士大帝，率领重兵攻打巴比伦，一心想夺下这座难以攻陷的城池。巴比伦国王纳波尼杜斯的幕僚大臣劝他，要亲自出面迎战塞鲁士，而不必等到塞鲁士围城。最后，纳波尼杜斯王战败后慌乱溃逃，因此塞鲁士不费多大兵力就进入了敞开的巴比伦门，并在第一时间抢夺了城里的一切财宝。

由此我们可以发现，巴比伦坚不可摧的城墙本身铸成了它最强有力的一道防护，即使到了最后的危急时刻，假如纳波尼杜斯王继续奋起而坚守住这道城墙，那么历史极有可能被改写。这并非一种没有根据的猜测或臆想，因为从下面这一块泥板的诸多文字中，我们便可窥见一斑。

一场英勇的城墙守卫战

年老的班札尔，曾经的勇猛战士，如今站在通往巴比伦墙顶的路上，神情严峻，因为他知道，一场关键的守卫战即将爆发。城墙上，其他战士同样英勇无畏，手持兵器，严阵以待。巴比伦的安危，全系于他们这一战。

巴比伦的主力军远征东方，城内兵力不足。此时，亚述军队突然自北边袭来，给巴比伦带来了巨大的威胁。如果城墙不能经受住考验，巴比伦帝国将面临覆灭的危险。战斗进入白热化阶段，敌军在围攻巴比伦三天后，全力猛攻班札尔身后的城墙和城门，城墙上的士兵英勇抵抗。

一位神色慌乱的老商人挤到班札尔身旁，不住地战抖着双手央求道："告诉我！告诉我吧！他们肯定攻不下我们的城堡！我的儿子们都跟随国王远征去了，已经没有人可以保护我的妻子。敌军将夺走我所有的货物，他们还会吞掉城里的一切粮食。我们都很老了，老得不能自保，甚至老得连战俘都做不了，我们会被活活饿死。告诉我，敌军能攻破我们的城堡吗？"

班札尔回答："请你保持冷静一些，我的好商人。巴比伦的城墙无比坚固！请尽快回到你们的集市去吧，告诉你的妻子，城墙会保护你们每个人的生命和财产安全，正如保护国王富饶的土地那样。请不要再向城墙靠近，防止敌军射进来的箭落在你们身上。"

老商人感到安慰地向后退下，而后一位怀里抱着婴孩的妇女满脸惶恐地冲上前来问道："士兵啊，城墙上有什么最新的消息吗？请你一定要诚实地告诉我，好让我把消息尽快传报给我那可怜的丈夫。他因为受伤正在家里发着高烧，但是坚决要求拿起武器保护我和孩子。他说，如果敌军攻破城墙后进到城里，必定会进行极端残暴的报复性烧杀和掠夺。"

"好心肠的女子和善良的母亲，我以士兵的名义再次郑重地向你保证，巴比伦的城墙一定会保护你和你的孩子，因为它又高又坚固。你仔细听听，我们骁勇的士兵正一边高声呼喊，一边用一锅又一锅滚烫的燃油倾倒在爬绳梯的敌兵身上！"

"是啊！我确实听到我军的大声呼喊，可是我同时也听到了敌军一阵阵猛撞城门的巨大声音啊！"

"你赶紧回到你丈夫和孩子的身边去吧！告诉他们，巴比伦的城门和城墙都无比坚固，经得起任何猛烈的撞击。一切沿着绳梯攀登城墙的敌兵，就等着让锐不可当的枪矛刺穿他们的心脏吧！请你小心地好好离开，尽快躲到远处的建筑物下面去！"

此时，班札尔忙着把人群疏散到两边，以便重新武装的增援部队顺利通过。正当增援部队的盾牌与战车铿铿锵锵地通过时，一名胆怯而惊慌不已的小女孩拽了一下班札尔的腰带。

她央求道："士兵，请告诉我，我们真的安全吗？我听到了可怕的厮杀声，还看到许多人正在流血，我感到害怕极了。告诉我吧，我的家，我的妈妈、弟弟会变成怎样呢？"

这位威武英勇的沙场老兵眼睛眨了一下，俯身用坚定的眼神看着小女孩。他向小女孩庄重地说："小朋友，别害怕！巴比伦坚固的城墙会保护你和妈妈、弟弟。一百多年前建造它的时候，就是为了保护像你们这样的每一个平民百姓，巴比伦的城墙从来都没有被敌军攻破过。回去告诉你妈妈和弟弟，城墙一定会保护他们平安无事的，不要害怕。"

老班札尔夜以继日地驻守着岗位，亲眼看着增援部队集结在城墙的通道上做好一切战斗准备，然后和敌军进行奋勇拼杀，直至受伤甚至不幸牺牲。老班札尔身边时时挤满了很多惊慌失措的民众，他们都急切地想要知道城墙是否真的能撑守得住，是否会安然无恙。对于所有人的询问，老班札尔总是以一名老战士的庄严态度十分坚决地回答："巴比伦坚固的城墙和我们英勇的士兵必将保护你们！"

整整三个星期，敌军连续不断地发动一次又一次猛攻。班札尔凝重的脸色也日益变得冷峻、难看，他身后的街道已血流成河，士兵所流的鲜血同泥土混合在一起，眼睛所到之处尽是血渍斑斑。城外每天也有不计其数的敌军尸体堆积在城墙根下，直到深夜再由其同胞拖回去埋葬。

到了第五个星期的第五天夜里，战事仍然没有停息，不过敌军的进攻已显出疲顿之势，仿佛强弩之末。当新一天破晓的第一缕曙光照耀在巴比伦墙上时，敌军营地里终于扬起了撤退时四处弥漫的滚滚沙尘。没过多久，弥漫的沙尘在城墙外广阔的平原上渐渐消失。

巴比伦墙守卫军欢呼胜利,民众群情振奋。几周的忧虑和恐惧得以释放，全城市民沉浸在喜悦中，欢呼声震天。贝尔神殿塔顶燃放庆祝烟火，宣告巴比伦再次抵挡了残暴的敌军。巴比伦的坚固城墙和英勇士兵是城市得以延续的关键。

这个例子凸显了人们对稳固保护的需求，这是人类固有的天性。为了实现这一愿望，我们必须努力构建并守护自己人生和财富的坚固城墙。

金钱，天生具有活动性，易受到他人的觊觎和盘算。若不加以保护，它们就会无声无息地溜走或被他人夺走。因此，我们需要实施更广泛、更有效的保护计划，确保金钱的安全。

在现代社会，每个人都要采取措施保护自己的财产。利用保险、储蓄和可靠投资等保护手段，可以预防意外悲剧和灾难的发生，确保生活的安宁。

开启搞钱计划：为财富修筑防护墙

①不断积累和创造财富，且为它们建造不受他人侵夺的稳固"城墙"。

②所有钱财都是长有腿脚的"灵物"，且时刻受到他人的觊觎和盘算，要是无法妥善地看管和严加守卫，它们随时随地都可能悄悄溜走或被他人巧取豪夺。

③你要更加聪明地运用保险、储蓄及可靠投资的保护，尽心竭力地为自己的钱财构筑一道牢不可破的"城墙"，从而确保免遭意外。

第六则 将你的才华变现

一位战车工匠的困惑

两河流域因为连年纷争及战事频繁，所以战车一直受到绝大部分人的青睐。它不但能够在战事中用来保护自己的生命安全，而且在一定程度上也是一个人身份与地位的象征，而班希尔则正是巴比伦一名制造战车的杰出工匠。

这一天，班希尔犹如一个泄了气的皮球，独自呆坐在自家低矮的院墙上，幽怨地凝望着那空空落落的家和近似露天的作坊，一辆仍未做好的战车孤零零地停靠在凄凉的作坊里。

他看到妻子在敞开的大门旁心事重重地来回走着，不时地向他这边偷偷一瞥。这令他不由得想起家中已是粮袋空空，自己浑身上下一文不名。此刻他最应该做的或许就是立即回去，永不歇息地奋力工作。也就是继续鼓足干劲，不停地敲敲打打，好好修整边幅，磨光上漆，把固定在车轮上的皮革拉紧，从而尽快造好这辆战车，并早日出货，如此才有可能向某个富裕的买主换来银子。

可是，他那肥胖、粗壮的身躯却不听从使唤，还是一直麻木地倚靠在矮墙上面，一点也没有要起身做活的意思。因为他那已经不是很灵光的脑子里正缠绕着一个问题，无论他如何百般苦想，依然不得其解。幼发拉底河山谷间那炙热的太阳光线，毫不留情地照射在他的身上。只见他额上一颗颗豆大的汗珠从双眉间顺流而下，不知不觉就滴落在他的胸膛上。

在他家门口，耸立着一片用石头砌成的环绕皇宫的高大围墙。再稍远一点儿，即巴比伦那色彩缤纷、高冲云霄的贝尔神殿了。在这些辉煌壮丽的建筑下面，除了他那个简陋不堪的家之外，还有很多家徒四壁、一贫如洗的人家。巴比伦就是如此真实的写照——在用来保护城市的高大城墙之内，有着光芒耀眼的建筑与肮脏鄙陋的巷弄，没有任何人去刻意计划安排，也不存在任何秩序系统，令人惊美的富人同那些生活困顿的穷人共生在一个市区。

恰恰在班希尔身边，富人们喧嚣的战车正大显威风地招摇过市，而路旁挤满了脚上只穿着凉鞋的摊贩以及完全光着脚丫的乞丐。忽然，一长队奴隶吃力地从此经过，哪怕是富人也都只能躲进贫民区内，以便给他们让出一条道路，这些专门服侍国王事务的奴隶们个个肩上都扛着满满的一大羊皮袋河水，正在送往皇宫里的空中花园。

班希尔由于太专注地思考自己的问题了，因此他并没有听到或注意到眼前这些纷乱烦扰的境况。突然从远处传来一阵很熟悉的七弦琴乐声，这才让他从自己的冥想中立刻回过神来。他不慌不忙地转过头，回眸仔细看着这个性情敏感、满脸笑容的音乐师——他最谈得来的好朋友柯比。

"祈愿众神赐你自由自在，我亲爱的朋友。"柯比以刻意礼节性的语气开启了话匣："很明显众神颇为慷慨，让你一时半会不必做工劳碌。我为你的幸运感到无比愉快，甚至也有幸分享到了令你满意的休闲之乐。我祈愿你的钱囊时时饱满，你的作坊也会忙个不停，不知道你可否先拨出两个舍克勒（古巴比伦货币单位）的钱给我，直到那些贵族们结束今晚的宴会。在这点小钱再回到你身边之前，我想不会给你带来什么损失的。"

"要是我此刻真的有两个舍克勒的钱，"班希尔满脸颓丧，有气无力地回答，"我也不会把它们借给任何人的——就算是你，我最要好的朋友也不借。理由是这些将会是我所有的财产，没有谁会把自己全部的财产出借给别人的，即使是最好的朋友也别想。"

"你在说什么呢？！"柯比十分惊讶地大声叫道："你身上竟连一个舍克勒都没有，却还能安心坐在墙垣上像一尊雕像似的！你为何不赶紧去做好那辆战车呢？你还可以靠其他什么来满足你那急切的心愿吗？你一向可不是这样的，我的朋友。你那旺盛的精力都跑到何处去了？难道有什么事情在困扰着你吗？老天给你带来不少麻烦了吗？"

"可能真的是上天带给了我这种种的折磨。"班希尔微微点了点头，说道："它缘起于我的一个梦，一个我从来都没有想过的梦。我梦见自己真的变成了一个大富翁，腰带上挂着一个很美丽的钱袋，里面全是沉甸甸的、闪亮的金币。不光有无数舍克勒能够使我毫不吝惜地抛给乞丐们，而且有无数白花花的银两能够让我买来许许多多华美的绫罗绸缎给我的妻子，以及其他我想要拥有的每一样东西，更有大把大把的金子让我对未来感到万事无忧并满怀信心，丝毫也不担心如何花费这些银钱。我有一种无法用语言形容的满足和辉煌的感觉，你根本无法再认出你这位曾经没日没夜辛勤工作的老朋友。你也将无法再认出我的妻子，她的容颜中闪亮出无比幸福的光芒，脸上所有的皱纹都消失得干干净净。她又再现早年结婚时那个带着娇美微笑而可爱至极的新娘模样。"

"这是一个多么令人开心的美好梦想啊！"柯比感叹道："可是这美梦带来的愉悦感，怎么会让你变成仿佛墙角下一尊郁郁不乐的雕像呢？"

"我为何会郁郁不乐？确实如此！因为当我从睡梦醒来之后，看到自己囊中其实还是空空如也时，一种极不甘心的感觉顿时席卷了我的全身，不禁心生悲怨。让我们一同来好好面对这个问题吧。少年时，我们曾一起向祭司们学习和切磋智慧；青年时，我们曾经相互分享彼此的快乐；到如今，我们也一直是非常亲密的朋友。我们对各自的生活方式感到满足，对长时间的工作也不抱怨。这些年来，我们确实赚过一些钱，可是若要真正体验到拥有财富带给人的喜悦，对我们来说，那就只是一场梦罢了。难道我们真的是一只蠢羊吗？我们生活在这个世界上最富庶繁华的城市之中，旅行者以及商人们都知道，再也没有哪个城市的财富比得上巴比伦了。他们说我们的城里满地都有黄金，可我们却穷得分文不名。你，我的知己好友，辛辛苦苦劳累了大半辈子，钱包却依然空无一物，还得来跟我说：'可否先借给我两个舍克勒，直至那些贵族结束今晚的宴会？'对此，我该如何回答呢？难道我回答说：'我的钱包正带在身上，里面满是钱币，我十分乐意同你分享？'不！我得承认我的钱包与你一样空无一物。然而，我们到底在哪里出问题呢？为何我们不可以赚取更多的金子，却仅仅只能勉强维持一家人的温饱而已呢？"

"再多想一想我们的孩子们吧。"班希尔继续说："难道有谁可以保证他们不再步父辈们的后尘吗？他们及他们的家人，他们的儿子甚至孙子的家人，难道也得跟我们这样，生活在到处是金银的城市，却每天不得不喝着那些发酸的山羊奶和稀粥吗？"

"我们认识了这么多年，我可从来没有听你说过这样发人深省的话，班希尔。"柯比满是困惑地回应道。

不做有才华的穷人

班希尔说："这么多年来，我确实从来没有萌发过这样的想法。每天从天一亮就不知停歇地忙碌到天黑，我极其辛勤地建造任凭其他工匠都无法做出的最好的战车，并无比虔诚地祈求总有一天老天会对我的才华大发慈悲，恩赐我大笔的财富，可众神至今从未如此做过。现在，我终于明白，众神是永远也不会这么赐福的。所以，我心里感到忧虑和悲哀。我多么渴望成为一个有钱的富人，渴望拥有大片土地和大批牛群，拥有漂亮可人的衣服和饱满鼓胀的钱囊。为了实现这一个目标，我甘愿历尽艰辛，绞尽脑汁，用尽双手的技巧，我真的期盼我的才华可以获得丰厚回报。请允许我再一次问你，我们到底在哪里出了问题？为何我们不可以在那些美好的东西上获得应属于我们自己的一份，而让那些拥有金子的人完全独占那些美好的东西呢？"

"但愿我真的知道答案！"柯比说，"我跟你一样根本不能满足自己的需求。我弹七弦琴赚来的钱一下子就会花光。我必须常常精心计划怎样才可以使家人不至于忍饥挨饿。同时，我心中始终渴盼着拥有一把更大更美的七弦琴，以使我可以真正唱出那些时时萦绕在我心中的动人旋律。有了这样好的乐器，我就一定会弹出连国王也从未听到过的美妙音乐。"

"你无疑应该购买一把这样好的七弦琴。"班希尔说："整个巴比伦再也没有谁的歌声可以像你唱得那么甜美动听，不仅国王听了会龙心大悦，就算诸神也一定十分喜欢。然而此刻，我们两个人都穷得像国王的奴隶一样，又如何能实现如此美好的梦想呢？你听听那边的钟声！他们又来了。"班希尔用手指着一长列赤裸着上身，正在挥汗如雨，极其吃力地从河里扛水送进皇宫的奴隶。他们每 5 人并排成一列，艰难地向前迈出脚步，所有奴隶都佝偻着背，肩上扛着沉沉的一大羊皮袋河水。

"那个引领这些奴隶朝前走的人肯定非常出色，他明显是这个圈子中一个极有能耐的人物。"柯比指的是那个没有扛水，只拿着摇铃的引领者。

班希尔亦有同感："在那些人里面，很可能还有不少非等闲之辈，正如我们这样身怀技艺的人。他们或许是生长于北方的那些身材高大强壮的金发男士，或许是生长于南方的那些笑容可掬的黑人，以及来自邻国的那些矮小棕色人种。可是他们所有人都不得不卖力地从河里扛水并向皇宫花园走去，正是如此来回往返，一天又一天，一年又一年，没有丝毫快乐的企盼。他们睡的是用稻草做成的像猪窝一样的地铺，吃的是用粗米煮成的'清澈见底'的稀粥。多可怜啊！这些人跟驮兽有什么不同，柯比？！"

"我确实替他们感到可怜。不过，我同时还看到我们其实也不比他们好多少，无论我们怎样自称是自由之人。"

"这话听起来尽管令人很难过，可倒也是事实。柯比，我们并不希望就这么年复一年地过着奴隶般痛苦乏味的生活，一天到晚只知傻乎乎地干活、干活、干活！除此之外便一无所有吧？"

柯比突然灵机一动，急切地建议道："我们为什么不去向其他富有的人请教获得黄金之道，然后按照他们的方法做呢？"

班希尔一边思考，一边回答："倘若我们去找那些深谙此道的人求教，说不定真的能够学到一些很管用的诀窍。"

柯比当即说道："正是今天，我还看到我的老朋友阿卡德，刚刚驾驶着金色的战车从街道上经过。我敢打赌，这个人跟其他有钱人不一样，他没有把我这个卑微之人不放在眼里。相反，他向我友好地挥了挥手，每一个路边的人都看见他向我打了招呼，而且他还向我展露出亲切的笑容。"

向有钱人请教理财之道

班希尔想了想说："我听说阿卡德是我们整个巴比伦最富有的人。我若是在黑夜里碰到他，恐怕都会禁不住从他那肥满的腰包里顺手偷摸一把银子。"

柯比训阻说："你这真是胡说！财富并不仅限于腰间所挂的。若金子不能持续流入，则肥满腰包也会变空。阿卡德必有稳定的收入，无论开销如何，口袋始终满满。"

"收入？！"班希尔忽然大叫起来，"我正是渴盼着获得一份永续不绝的稳定收入！只是对于我们这些理财心思迟滞的人来说，他有办法给我们清楚地解说吗？"

柯比似乎答非所问："我敢打赌，他肯定把致富之道传授给他的儿子诺马希尔了。因为我在酒馆里听到人们说，诺马希尔曾闯荡尼尼微，在阿卡德没有为其提供援助的情况下，他最后也成了尼尼微的一位富翁。"

班希尔眼泛亮光："柯比，你说的话真让我茅塞顿开！我们一起去找阿卡德，虚心向他求教，让他教我们怎样取得源源不断的收入且最终成为富翁吧。"

柯比赞同道："你刚才说的很多话让我产生了新的体会，为何我们总是与致富之道阴差阳错，原因就在于我们一直都没有真正地思考并寻求过这方面的道理与忠告。为了赚到钱，你极有耐心地辛勤制造全巴比伦最坚固、耐用的战车，倾注了自己全部的心血和努力。因此，你在战车工艺方面取得了非凡的成就。而我则竭尽全力地成为一名琴艺卓绝的七弦琴乐师，于是，我在音乐方面也取得了成功。在做出最大努力的这些方面，我们分明已经获得了较大的成功。要是我们在学习理财及致富方面也付出同样的努力，相信一定会在这个方面继续获得成功的。我们应该尽一切可能找到可靠且有效的方法，以使自己早日达成致富的祈愿。"

班希尔略显激动地说："叫上那些眼下景况并不比我们好多少的儿时朋友，大家一起去向阿卡德请教，请他分享他切实可行的理财智慧。"

"班希尔，你对朋友们一直是设想得如此周到，难怪你会拥有那么多真正的好朋友。就按你说的，我们现在就跟他们一同去拜访阿卡德吧。"柯比也同样充满期望地说。

之后，班希尔、柯比及其朋友们找到了巴比伦的富翁阿卡德，经常去听他的理财课，甚至在他有空时向他请教。随着时间的推移，他们明白了一个道理：尽管他们在其他方面有才华，但在理财方面知之甚少，这使他们无法真正变得富有。然而，他们从阿卡德的故事和课程中学到了实用、简单有效的理财技巧和财富法则，最终实现了致富梦想。据说，班希尔和柯比还进入了巴比伦富翁的排行榜。

开启搞钱计划：向有钱人学习

①无论在哪一个区域，哪一座城市，哪一条街道，始终都会有豪宅与陋室、富人与穷人共生共存的局面，这并非有人去刻意安排，也并非谁天生就注定是穷人或者富人。不论什么时候，什么人都不该放弃追求财富的梦想，哪怕在你最潦倒无助的人生低谷。

②为何有些人可以享尽美好事物及荣华富贵？为何有些人却不得不艰难度日并终生穷困潦倒？究竟是什么原因造成了这样的差别？这是每一个渴盼致富的人都应该认真思考并勇敢面对的问题。

③假如你拥有某些方面的杰出才华，那为何你不在理财致富方面也投入精力去思考与学习呢？要明白，这个世界上遍地都可悲地充斥着有才华的穷人。

④理财从来都是一门具体、可操作的大学问，财富也只青睐那些精熟于此道的人。若要寻求并精通理财致富之道，你就一定要向那些成功而富有的人求教，不管是面对面咨询，还是反复观看、阅读他们的视频或著作，都可以使你学到可靠而有效的方法，从而迈向理想美妙的新境界。

第七则　找个贵人帮一帮自己

阿卡德的财富智慧

阿卡德！这个名字在巴比伦称得上是熠熠闪光，一说到这个名字就令人油然联想到无限的财富和巨大的慷慨。这不仅因为阿卡德的财富远近驰名，当之无愧地稳坐巴比伦首富的宝座，还因为他的慷慨与乐善好施同样是有口皆碑。

他确实十分有钱，因此他对家人非常大方，花在自己身上的必要开销也一直毫不吝啬。不过即便这样，他拥有的财富每年增加的速度还是远远超过了他花钱的速度。他真的是颇为慷慨，不光经常布施钱财，赈灾济贫，还毫不吝惜把自己一生苦苦寻求与感悟到的理财致富法则，和盘托出地传授给那些急需这种指导的人们。

他年轻时的许多好友曾对他说："阿卡德啊，你的富有跟我们的窘迫几乎是天壤之别。你已成为整个巴比伦最有钱的富翁，可我们却还在为挣口饭吃而全力打拼。你随时都能穿绫罗戴珠宝，尝尽人间山珍美味，可我们只要能让家人保持温饱，就已经觉得心满意足了。

"然而，我们曾经都是站在同一起点上，受教于同一位老师，也一起玩游戏。不管念书或是游戏，你并没有比我们好到哪儿去。想想当初那些年，你也跟我们一样，只是一个泛泛的无名之辈罢了。

"依我们看来，在辛勤工作方面，你也并不比我们的付出多太多。可是为何变化无常的命运偏偏赐予你好运，让你享受人生所有美好事物的同时，却丝毫不顾我们也应该享受这样的生活呢？"

阿卡德直言不讳，非常坦诚地忠告他们说："倘若这些年来你们确实是在辛勤地工作和付出，可过得却是仅能勉强糊口的生活，那是由于你们还没有真正懂得理财之道，或者是一直都没有学会运用理财的诀窍。

"变化无常的命运，实际上是桀骜的女神，她从来不会赐给哪个人永久不变的事物。相反，她会让任何想要不劳而获或贪图安逸的人一败涂地。她会让那些放纵自我、肆意挥霍的人在一夜之间失去所有财富，只剩下无法满足的贪婪胃口和虚幻欲望。

"而有一些人即使受到她的眷顾拥有了财富，却变成了极其可怜的吝啬鬼，时刻神经兮兮地捂住自己的钱袋，生怕花掉任何一点他们所拥有的财富，而且他们还每天担忧会遭到他人觊觎或者强盗的劫掠，以致过着空虚乏味、远离众人的孤僻生活。因为他们心里清楚，自己并没有真正具备足以获得这些财富的本事。

"还有一些受到眷顾的人，他们或许不用费什么力气就取得了大量的金银财宝，经过悉心地经营之后他们赚得更多，并且继续享受着快乐而满足的生活。但是这种人存在的可能性微乎其微，至今我也只听说过有这种人，可是从来都没有亲眼见到过。想想看，那些有幸继承大笔财产又勤奋踏实工作的人，难道不正如这种情况所说的吗？"

财富的源头和巨大力量

阿卡德的友人们一致承认，他们所了解的那些有幸继承了大笔财产，同时自己既勤恳工作又擅长理财的富翁，其结果确实正如阿卡德所说的那样，可是这种情形跟他们当前的状况简直毫不相关。因此，他们异口同声地恳请阿卡德讲解他自己是怎样发家致富的，因为他们早年的境况完全一样。阿卡德按照大家的提议，接着娓娓述说："我年轻的时候，时常反省和检讨自己，并一直思考着人生到底有什么东西可以给人带来快乐与满足。我终于领悟到，财富可以使所有人更有能力享受快乐并得到满足。

"财富就是力量！有了它，很多事情我们都能够做得到：你能够购置心仪的家具，来很好地美化自己的家园。你能够惬意地遨游四海，尽情领略世间的奇山异水和风土人情。你能够充分享受许许多多山珍海味，以饱口腹之美。你能够选购工匠们精心设计和制作的令自己愉悦的金银珠宝。你甚至能够造几座巍峨壮丽的神殿。你还能够做其他不但让你的感官得到满足，而且让你的灵魂感到舒畅的诸多事情。

"当我懂得这些道理之后，我决定不管怎样也要赢得人生中这些美好的事物。我不要做一个临渊羡鱼的人，只能远远地站在那里看着别人美美地享受。我也不满足于仅仅穿着只够裹住身体的服饰，我更不甘心做一个穷苦无助的人。相反，我下定决心要让自己成为人生这场丰盛宴席上一位尊贵而体面的嘉宾。

"就像你们所知道的，我不过是一个小商人的儿子，家里人多，根本没有什么财产可以让我继承。而且，正如你们所看见的和议论的那样，我既没有过人的超强能力，也没有卓越或神奇的智慧，因此我认识到，假如我想实现自己的目标，就一定要在理财以及致富方面多花许多时间，要多研读不少这方面的实用知识。

"拿时间来说，有的人宁可让宝贵的时间在空虚无聊中白白地溜掉，也不肯花费一些时间来认真思考并实践如何致富。因此至今为止，你们中除了极少部分人家庭幸福美满而令自己感到自豪之外，其他的人就再也没有什么值得炫耀的了。

"拿研读来说，那些富有智慧的先哲圣贤们一直都在尽心教导我们，知识有两类：一类是通过学习就能够掌握的，另一类则是需要在实践中持续锻炼才可以掌握的。

"所以，当我懂得这些道理时，我下决心一定要掌握积累财富之道。我开始把致富当作生活中的首要之事，而且全力以赴。要明白，等到我们离开人世奔赴幽冥地府的那一刻，黑暗就将我们完全笼罩。因此，当我们还生活在灿烂多彩的阳光之下时，就要学会奋力拼搏并尽情体验，这难道不是十分明智的选择吗？

"没过多久，我就获得了一份差事，担任官府文史记录厅的刻泥板匠，我每天都必须用很长的时间来刻写泥板。如此一周又一周，一月又一月，我对工作总是努力不懈，可是我的口袋里却依然所剩无几。吃饭、穿衣和祭祀等日常生活的花销，很快就耗费掉了我全部的收入。虽然如此，但我积累财富的决心还是坚决不动摇。

"忽然有一天，开办钱庄的富翁阿加米希来到官府大人那儿，要订制第九条法令的抄本。阿加米希迫切地对我说，这个法令一定要在两天之内就刻写好，要是我可以办得到，他就付给我两个铜钱。

"因此，我拼命加班，可是这条法令确实太长了，当阿加米希来取泥板时，我还没有刻写完。他极其生气，我想如果我是他的奴隶，老早就挨他一顿痛打了。而我明白官府大人必定不会允许他动手伤我，于是我丝毫都不害怕，反倒灵机一动，对他说：'阿加米希，你是一个无比富有的人，你是否可以告诉我怎样才会致富？这样，我就通宵达旦地刻写泥板，等到明天早上太阳升起来的时候，你就能拿走它了。'

178

"阿加米希的怒气立即消失，说：'你是一个很有进取心的工匠，不过你必须先刻完泥板，我们再谈这个交易。'

　　"因此，我一夜都在拼命地刻写泥板。天刚亮，他赶来取货时，我已经顺利地完工了。我非常急切地说：'现在你可要信守承诺，告诉我致富之道。'

　　"阿加米希说：'年轻人的智慧，宛如明亮的流星划过天际，美丽却短暂易逝。可是，老年人的智慧就像沉静不动的恒星，始终放射着不变的光芒，成为水手们赖以辨清方向的指引。'

　　"'请牢记我说的这些话吧，否则你将难以理解并相信我所指明的真理，而且还会觉得你昨夜辛勤地工作完全是白费工夫了。'

　　"'当我决定把我全部收入的一部分预留并储存起来之后，我便找到了一条致富的道路。从今天起，你只要如法炮制就可以。'

　　"他一直盯着我，那眼神简直能够把你的灵魂穿透。

　　"我嗫嚅地问：'就只有这一点吗？'

　　"他回答：'是的，这一点已足以使一个人从牧羊人的心情转变成债主的心情了。'

　　"他接着说：'住在巴比伦怎能没有一些必要的开销？那么，你上个月的薪资还能存下多少？去年的收入又是怎样的呢？你向来都在付钱给每一个人，就是没有付给你自己。多傻啊，你完全是在为他人而付出劳动，奴隶不也是一样为给他提供衣食的主人付出劳动吗？假如你为自己而把你所有收入的 1/10 储存起来，10 年之后你会拥有多大一笔钱呢？'

　　"我深信自己对数字的计算能力还挺好，于是就立刻回答：'大概等于我整整一年的收入。'

　　"'你仅说对了一半，'阿加米希当即反驳道，'你所储存的每一分钱一定要衍生出更多的钱，这些储蓄金的利息也必须再赚些钱进来。无论大

钱或小钱，都会对你获得自己渴望已久的巨大财富产生利益。'

"最后，阿加米希说道：'财富就好像一棵大树，事实上它是由一粒小小的种子开始成长并壮大起来的。你积蓄的第一枚铜钱正是这粒种子，它很有可能在将来某一天就长成了无比壮实的财富大树。你越早播下这样的种子，它就会越早成为财富之树。你越忠诚地用存款及增值来培育、浇灌它，你就会越快在财富的树荫下纳凉和享受。'"

思考如何才能快速致富

阿卡德暂停了一会儿，继续说："阿加米希离去之后，我思考着他说的话，听起来确实很有道理，所以我决定试试看。每当我拿到收入后，就从中留出 1/10 储存起来。令人感到奇怪的是，我似乎并未因为这样做而比以往缺少些什么。不过我也常常受到许多诱惑，尤其是当我的储蓄渐渐增多时，我总会情不自禁地想着花点积蓄。所幸，我最后总能极为明智地制止了我的这种想法。

"大概过了 12 个月后，阿加米希再次来找我，询问：'年轻人，刚过去的一年里，你是否已为自己积蓄了不低于一切收入 1/10 的钱呢？'

"我非常自豪地回答：'是的，前辈。我的确是这么做的。'

"他说：'太好了，这些钱你都拿去做了些什么呢？'

"我回答，我都转交给了制砖匠阿兹慕，他跟我说，他常常到各处繁华之地远游，他想帮我在提尔城购买罕见的腓尼基珠宝。等到他一回来，我们就把这些珠宝高价出售，然后平分所得的利润。

"阿加米希一听我的话，咆哮起来，'好啊！若是笨蛋，就必须多吃些苦头。你根据什么去相信一个制砖匠会对珠宝有足够的知识呢？你难道要去跟面包师傅请教天文的知识吗？若是你稍微有一点智慧或常识的话，你

180

就明白应该去问有威望的天文学家。现在这么一来，你的储蓄肯定全没了。年轻人，你这么做，对你的这棵财富之树可是揠苗助长啊。你赶紧吸取这个惨痛的教训，从头再试一次吧！但下次无论如何要记住，要是你想得到有关珠宝方面的忠告，就到珠宝商那里去询求；要是你想了解有关羊的情况，就要去问牧羊人。通常这类有关某专业领域的忠告都是能够免费获得的。不过尽管这样，你也要懂得，你只可以选取其中值得采纳的部分。要明白，倘若找一个一点投资经验也没有的人征询有关投资的问题，你将必然会以付出你全部的积蓄为代价，才可以证明你得到的那些忠告根本就是错误的。'阿加米希说完，便气呼呼地转身，匆匆走开了。

"果不其然，一切情况被他说中了。那些腓尼基人原来是一帮作恶多端的人，他们卖给制砖匠的全是极像珠宝，事实上却是一文不值的玻璃，这件事令我伤心了好多日子。不过，我还是坚定不移地依照阿加米希的吩咐，继续把收入的至少 1/10 储蓄下来，因为此时我已经养成了这样的好习惯，如此行动并非一件很困难的事情。

"很快，又过去了 12 个月，阿加米希再次来找我，一见面就对我说：'你的储存情况进展得怎样？'

"'我还是像以往那样努力地存钱，'我回答说，'而且把所存下来的钱完全委托给盾匠阿格尔用来做钢材生意，他每四个月就支付我一笔利息。'

"阿加米希称赞道：'非常好。那你又如何支配这些利息呢？'

"我略带得意地说：'我用它们买了蜂蜜、好酒、蛋糕，还买了一件红色的袍子。或许总有一天，我也会买一头驴子来骑。'

"阿加米希不由得大笑着说：'啊哈！你把你的钱子、钱孙都吃掉了！那你又怎么期待这些钱财继续为你效劳呢？你首先需要做的就是使自己拥有一堆足够多的黄金来充当你的奴隶，唯有如此，你才能长久地享有无数的欢乐而不懊悔。'说到这里，他便迅速离去。

"此后的两年中我一直都没有再见到他。等他再来看我的时候，他沧桑的脸上又增添了许多皱纹。他对我说：'阿卡德，你现在已变成你梦想中的富翁了吧？'

"我照实回答：'还没达到我梦想中的那样，不过我已经拥有一些财富了，而且还利用钱滚钱、利滚利的方法赚来不少的钱子、钱孙。'

"他表示很满意地接着说：'阿卡德，我想你已经懂得运用这些重要的理财法则了。第一，你懂得了量入为出；第二，你懂得了向那些凭借经验而获得才干的人寻求忠告；第三，你懂得了怎样让黄金自始至终地为你效力。'

"'你已经学会该怎样存钱、投资以及增值，所以你目前已经可以担当重任了。'阿加米希继续说：'正像你所见到的，我真的是有些老了，我那些儿子们一天到晚只想着花钱，却从来不想着怎样赚钱。可我的产业十分庞大，我确实因看管不了而有些担忧。要是你肯到尼普，在那里看管我的产业，我愿意收你为合作伙伴，你还会分得我的部分财产。'

"阿加米希的话让我感到非常惊喜。于是我很快就来到尼普，帮他管理那一大片蓬勃发展的产业。因为我满怀雄心壮志，加上很勤奋努力，并且对成功理财的三项基本法则颇为精通，所以我不但为阿加米希赚取了更多的财富，还使我自己变得更加富有。在阿加米希过世之后，我又分得他生前经由法律程序确定而遗赠给我的一部分财产。"

致富的基本法则

阿卡德终于讲完了他自己的故事。他的一位朋友当即无比羡慕地说："你果真幸运啊！竟然会成为阿加米希的继承人。"

阿卡德却不这么认为，他以坚定的口气说："可你要明白，在遇到阿加米希之前，我就一心一意地渴望成为一名富翁。想想一开始的那四年，我难道不是一再证明不论遇到怎样的困难，我都会坚决且不折不扣地把收入的1/10储存起来吗？要懂得，所有的机会和运气都是桀骜不驯的女神，她们绝不会在那些还没准备好的人身上浪费点滴时间。"

阿卡德的另一位朋友满是感慨地说："你真是具有坚强不屈的意志力啊！在不幸完全损失第一年的积蓄之后，你还能坚持地继续存钱，这充分证明你在这方面的功力果然非同凡响啊。"

阿卡德还是反驳说："难道仅有意志力就等于全部了吗？意志力仅仅是用来强化完成一个人预定任务的坚定决心罢了。实际上，若是我给自己设定了一个任务，那么不管这项任务是多么微小，我都应该始终如一地坚持贯彻到底。"

听到这里，又有一位朋友赶忙插话说："要是你所说的全对，看来你的意思是想说明，首先是做好充足的心理准备，并运用意志力适当地迈出致富的第一步，然后无比执着而专注地实行下去。要是每个人都可以做到这些，那么世界上的财富又怎么能够让众人来分配与拥有呢？"

阿卡德淡淡一笑，说道："不必担心，如果每个人都努力，财富自然会增长。比如，富人建新房，他的黄金并未消失，而是分给了制砖匠、建筑工人和设计师等参与者。建成后，房子值那些金价，周边土地也因此升值。这就是财富增长的方式，不可预测其极限。腓尼基人正是拿利用商船赚来的钱，在沿海土地上建造了众多城市。"

此时，另一位朋友急切地问："我相信你的话。那么，你的致富建议是什么？时光已逝，我们已不再年轻，也没有积蓄作为本钱。"

阿卡德回答："只要你还具有赚钱的能力，那么从现在开始，绝对不算

太晚。所以，我建议你们尽早采用阿加米希的智慧之言，此刻就对自己说：'我一定把全部收入的一部分留给自己储蓄起来。'

"不断强化并加深自己对这句话的印象，争取做到内心时时刻刻都想着这句话，然后付诸非常明智的行动。训练自己不仅固定存下所有收入的1/10。若有必要，还可以安排从其他支出中也积攒1/10的钱。不过，一定要先坚守那固定的1/10底线。不用多久，你就会体会到，独自拥有一笔财富是多么棒的感觉！

"紧接着，再学习怎样使你储蓄下来的财富为你效力。让这些财富充当你忠心的奴仆，同时也让钱子、钱孙时刻都为你效劳。

"任何人都需要确保自己未来的生活过得安稳无忧。看看你身边的那些老年人吧！你应该知道，有一天你也会像他们那样成为老年人。因此，千万要无比谨慎地选择投资方式，极力避免损失，如放高利贷，这种看起来美妙却很不可靠的投资方式，极有可能让你遭遇惨重的损失，跌入懊悔不及的痛苦深渊。

"要是你全部收入的1/10存起来一点都不费力气，那你就坚持不懈地以此为乐吧！不过，此时的你一定不要让自己变成一个可怜的吝啬鬼，哪怕一毛钱都不敢花。人生如此美好，有好多事情值得你付出相应的金钱去经历，去享受！"

阿卡德的理财故事结束了。他乐于分享理财经验，并帮助朋友们进行安全且高回报的投资。最终，这些友人领悟到了理财之道，他们的人生命运也因此发生了巨大的转变。

开启搞钱计划：播撒致富的种子

①财富的成长如同树木，始于微小的种子。你积蓄的第一笔金钱便是这粒种子，越早播种，财富之树就越早繁茂。持续以存款和增值培育、浇灌你的财富之树，便能在财富之荫下早日乘凉。

②变化无常的机会和运气，是桀骜不驯的女神，她们只青睐进行充分准备的人。一旦你真正拥有致富的渴望、目标、意志力以及坚忍不拔的勤奋，运气与财富之神便会叩响你的家门。

③严格坚守致富的三项基本法则：至少将收入的1/10储蓄起来；向专家或智者咨询商业和投资建议；让储蓄的财富为你服务，持续为你创造收益。

第八则　坚决执行远离贫穷的七个秘诀

陷入萧条的巴比伦

在历史上，巴比伦向来以"全世界首富之都"而闻名于世，其财富之丰厚超乎人们的想象。尽管历经千百年的绵延变迁，巴比伦的繁荣昌盛仍长久不衰。

不过这座王国绝非一开始就这样富庶。巴比伦能够达到如此繁盛的程度，完全是由于它的百姓们几乎人人具备理财的智慧，巴比伦人追求和学习致富之道可以说蔚然成风。

当巴比伦一代明君萨尔贡王战胜敌族埃兰人，凯旋而回到巴比伦后，他的国家却遭遇了非常严重的经济萧条乃至凋敝的问题。宫廷里的臣僚们向萨尔贡王解释说："承蒙陛下大力兴建伟大的灌溉运河以及众神的圣殿，给百姓带来了多年的经济繁荣，可至今这些工程都已经竣工，百姓已没有可以依靠的生计。劳工没有活可做，商人很少有顾客，农夫的农产品无处可卖，百姓缺乏足够的金子去购买可以饱腹的粮食。"

萨尔贡王追问道："那我们为这些工程开销出去的金子都跑到什么地方去了？"

臣僚禀告说："这些金子几乎都逐渐汇集到巴比伦少数几个极其富有的人

手中了。这些金子由百姓的指缝间疾速流进了富人们的手里，就像山羊奶迅速流到挤奶人手里一样。如此一来，大部分百姓的口袋里也就没有分文的积蓄了。"

萨尔贡王低头沉思了一会儿，又追问道："为何那些少数富翁就可以获得全部的金子呢？"

臣僚禀告："由于他们懂得怎样积攒金子。一般来说人们不会因为某人掌握财富之道而责骂他所取得的成功，所以无论怎样追求公平和正义的官宦，也绝不会把一个人通过正当手段赚取的财富强行夺去，分给其他比较缺少能耐或者穷困的人。"

萨尔贡王感到很疑惑，"可是为何如此呢？难道全国其他百姓都不知道学习怎样攒积金子，从而使自己变得更富有吗？"

臣僚回禀道："坦诚地说，百姓是极有可能学会并应用攒钱方法的，陛下，可是问题在于谁可以教导他们呢？很明显，祭司们是不会的，因为他们根本就不懂得怎样赚钱。"

萨尔贡王问道："那么，全巴比伦最懂得理财和致富之道的人是谁呢？"

臣僚回禀说："陛下，您发问的同时也就等于找到了答案。仔细想想，在巴比伦是谁聚集了最多的金子呢？"

萨尔贡王立即说道："哦，我能干的臣僚啊，盛传巴比伦最有钱的富人就是阿卡德了。你们速速带他来见我吧。"

第二天，阿卡德遵从萨尔贡王的谕令前来觐见，虽然此时的阿卡德已年近70岁了，可是他依然精神无比振奋，满心欢愉地来到了萨尔贡王面前。

萨尔贡王问道："阿卡德，你果真是巴比伦最有钱的富人吗？"

阿卡德回答："就像吾王所闻，似乎人人都承认这一点。"

"那么，你是如何使自己变得这么富有的呢？"

"利用机会！陛下，事实上，这些机会巴比伦的每个百姓都会碰得到。"

"你没有凭借什么特殊的基础开始走向富裕吗？"萨尔贡王问道。

"只是凭借巨大且坚定的渴望财富的心愿，除此以外没有什么可以凭借的。"阿卡德陈述道。

"阿卡德，我们城里产生了颇为不好的状况。因为仅有极少数人懂得怎样致富，以致垄断绝大部分财富，而广大的民众却对理财知识非常贫乏，不知道怎样守住并增值他们经过千辛万苦赚来的金子。"

萨尔贡王接着说："我期盼巴比伦可以成为全世界最富足的国家。为实现这个目标，巴比伦一定要拥有众多的富翁，为此我们务必教导每一个百姓学会理财和致富之道。阿卡德，请你告诉我，理财致富真的有什么宝贵的秘诀吗？这些秘诀是否能够通过教导而得到广泛传播呢？"

"这是一个非常实用而可行的问题。尊贵的陛下，所有领会理财与致富之道的人，都可以将这些秘诀及方法有效传授给其他人。"阿卡德回答道。

萨尔贡王眼前一亮，说道："阿卡德，你所说的正符合我的心意。你可以奉献心力担当此项大任吗？你愿不愿意把你的理财致富知识传授给一群教师，然后让这些教师再继续教导其他人，直至有足够多的受训者可以教导全国民众懂得怎样理财致富？"

阿卡德深鞠一躬说："卑职遵命。为了我广大同胞的福祉及吾王无上的荣耀，凡我所知，必乐意倾囊相授。还恳请陛下派大臣为卑职安排100人的班级，我会教导他们消除贫穷而成功致富的七个秘诀，以使全巴比伦的穷人渐渐绝迹。"

两周之后，遵从国王旨意获选为研习生的100人，全都集中在讲学殿，围坐于半圆形的课堂。阿卡德端坐在小桌旁，桌上安放的一盏小圣灯不时飘散出奇妙而舒心的香气。

当这位成就不凡的人站起身时，一名学员轻轻推着邻座的同学说："你看啊！他就是全巴比伦最有钱的富人。他好像跟我们这些人没有什么不同嘛。"

阿卡德开始讲道："承蒙尊贵的国王托付我如此的重任，为报答国王，我现在站在你们面前。我曾经是一名渴望致富然而身无分文的穷酸青年，因为我最终领略到了致富之道，所以吾王要我把这些知识一一传授给你们。

"我从最卑微的谋生职业起步。我同所有巴比伦公民一样，并没有具备什么特别的优势或资源。

"我的第一个家当，不过是一个十分破烂的钱囊。我憎恨这个干瘪无物的钱囊，我渴盼它会饱满鼓胀起来，里面时时有叮当作响的金子相互碰撞。所以我不辞一切辛劳地遍寻那些可以使我的钱囊变得鼓胀的良策妙计，最终，我找到了根除贫穷的七个秘诀。

"我会向诸位一一详尽解说根除贫穷的七个秘诀，这是我对任何试图摆脱贫穷渴盼财富者的完整建议。我要用 7 天时间，每天具体解说其中的一个秘诀。

"请大家注意用心听我讲解这些知识。你们可以跟我争辩，或者是找同学相互讨论。要是你们能把这些知识理解得十分透彻，那这些知识也一定会为你们的钱袋播下财富的种子。从此刻开始，你们所有人都要努力着手储蓄自己的财富，然后逐步成为精于理财与拥有致富本事的人。只有这样，你们才能把这些妙方和道理传授给其他想致富的人。

"今天，我首先教会你们一个解决钱包空空的有效方法。这是所有人走向财富殿堂的第一步，只有第一步站稳了，你们才可能成功登上这个殿堂。好了，让我们先来看看第一个秘诀。"

第一个秘诀：增加你的收入
阿卡德问坐在第二排一位好像在沉思着什么的先生："我的好朋友，请问你是做什么工作的？"

那位先生回答："我是一名抄写员，专门从事刻写泥板的工作。"

"一开始我也是一名刻写泥板的工匠。"阿卡德说："就算依靠一样的劳力工作，我也能够赚得我的第一个铜钱。所以，你们也有一样的机会积蓄和建立财富。"

阿卡德问一位坐在后排的先生："能否请你说一说，你是以什么职业来维持家人生计的呢？"

那位先生说："我是一个屠夫。我先向牧羊人购买山羊来宰杀，然后把羊肉卖给家庭主妇，把羊皮卖给专门制作凉鞋的鞋匠。"

阿卡德说："你不光付出劳力，还懂得利用经营来谋求利润，你比我更有成功的优势。"

阿卡德一一询问每位学员的职业情况，问完之后，他说："许多生意或劳动都能带来财富，这些赚钱方式都是将智力和劳动力转化为财富的手段。每个人获得的财富多少完全取决于自身的能力和努力程度。"

学员们对阿卡德的说法都点头表示同意。

阿卡德接着说："如果你们渴盼为自己积攒更可观的财富，那么，从运用已经到手的那部分财富作为开始，是不是一个非常明智可取的做法呢？"

每一个学员都再次点头表示同意。

阿卡德向一位贩卖鸡蛋的商人问道："要是你挑出一个篮子，每天早上都放到篮子里 10 个鸡蛋，每天晚上再从篮子里拿出 9 个鸡蛋，最后会出现什么样的情况呢？"

"总有一天，篮子会被鸡蛋装满的。"商人肯定地回答。

"原因是什么呢？"阿卡德追问。

"因为我每天放到篮子里的鸡蛋总是比拿出来的多一个。"

阿卡德笑着转身，面向全班："你们当中有谁的钱包是干瘪的吗？"

学员们初听觉得有趣，随后笑了起来。最后，许多学员还戏谑地挥动着干瘪的钱包。待这小小的喧闹平息之后，阿卡德继续说道："在你们放到钱包里的每 10 个钱币中，最多只能用掉其中的 9 个。当花销没有超过全部收入的 9/10 以后，生活过得并不比从前缺少什么。而且此后不久，钱币比以前更加容易储存下来了。

"我找到根除贫穷的第一个秘诀，就是每赚进 10 个钱币，最多只能用掉 9 个。"

第二个秘诀：量入为出

第二天上课，阿卡德说："有一部分学员问我，当一个人所有的收入连应付日常生活开销都不够用时，他如何可能储蓄下他全部收入的 1/10 呢？

"我要向你们说明一个关于个人理财的真理，那就是我们所说的'必要开销'，永远都要同我们的收入相符，除非你故意进行抗拒。

"永远不要把必要的开销跟你的欲望混为一谈！所以，倘若你的收入是用来满足这些欲望的话，那么无论你赚多少钱，你也必定会花个精光的。一旦给自己的欲望留下余地，它们立刻就会漫无边际地膨胀。人的欲望多得无以数计，你可以满足的永远只是一小部分。

"不少你认为理所当然的花销，事实上完全可以明智地加以节制或者清除。所以，最多只用钱包里 9/10 的钱去支付它们。

"随后，对那些确实有必要的花销进行预算，可是永远别去动用那一笔正逐渐使你的钱包鼓胀起来的 1/10 的储蓄，并且让你正在实施的积蓄本身转变成你一项最大的满足。你要不断地进行预算，同时适时地调整你的预算，以便使你越来越精于理财。"

这时，一名学员从座位上站起来问："我是一个不必依靠工作谋生的人。我坚信我有权利享受人生中许许多多美好的事物，所以我不愿做预算的奴仆，不愿让预算决定我应该支出多少钱，以及该把钱花到哪里。我认为做愚蠢的预算将剥夺我太多的人生乐趣，使我仿佛是一只背负重担的驴子那样。"

阿卡德颇为平静地反问道："我的朋友，那么你的预算是由谁来做主的呢？"

"当然是由我自主决定的。"这位持有异议的学员回答。

阿卡德继续说："那好，就拿你的例子来讲吧。倘若这头驴子要为它背负的东西进行预算，那它预算的范围通常难道会涵盖珠宝、地毯以及沉重的金条吗？显然不是这样。他十有八九只会盘算着从沙漠驮负回来一些稻草、谷物或者一大袋水而已。

"很明显，进行预算的目的是使你的口袋更加鼓胀起来。预算将帮你把自身最必要的欲望付诸实践，从而避免你珍视的这些欲望被其他无关紧要的愿望占据。

"这就是根治贫穷的第二个秘诀：对你的开销进行预算，如此你就可能在不花费超过所有收入 9/10 的范围内，具有足够的钱支付必要的开销与享受，而且满足其他值得满足的欲望。"

第三个秘诀：让你的金钱繁衍升值

第三天，阿卡德对学员说："赚取并储存金钱只是财富的起点，重要的是学会如何利用它们赚取更多金钱，实现财富的积累。接下来，需要思考如何让财富为我们所用，探索财富增值的秘诀。

"我第一次的投资血本无归。而我第一桩获得可观利润的投资，是将钱借给一位名叫阿加尔的盾匠，他每年都要从海外购买好几船的铜，然后对其实施加工或者进行买卖。因为缺少足够的大量购买这些铜的资金，阿加尔一般向那些手头有余钱的人赊借。他是一个很诚实、能干的人，在他卖出铜货之后，凡是他所借的款项必定能按期偿还，并且支付对方相应的利息。

"每次我把钱借给他时，除了收回本金外，我都能同时收回他付给我的利息。所以，不但我的资金增加了，而且这笔资金赚的利息也在滚动性地不断增加。最令我感到高兴的是，这笔钱最后又辗转回到了我的口袋。

"我可以很明确地说，一个人是否富有不在于他钱包里的金钱有多少，而在于他累积的金钱能变成持续不断地流入口袋的财源，并且可以稳定地保持口袋鼓胀饱满。这是所有人都渴望的，当然也是你渴望的，不管你是在工作或者去旅行，你的口袋里始终有持续不断的进账。

"我渐渐获得了大笔的收入，大到我已被人们称为富翁。我将钱借给阿加尔，是我第一次进行的有获利性的投资。从这次成功的经验中获取宝贵的智慧后，随着我的资金一步步增加，我借出去的钱数以及投资逐渐扩大。最初，我只是借给个别人，随后开始借给更多的人。如此明智的理财，使得金钱宛如河水一般汩汩地流入我的口袋。

"瞧！我从看起来并不显眼的收入所得中渐渐储存出一些金钱做我的"奴隶"，它们自始至终都在勤勤恳恳地为我效劳，使我获得了颇为丰厚的财富。在它们替我效劳的同时，它们产生的子子孙孙也共同为我赚钱，没过多久就使我赚得盆满钵满。

"这就是根治贫穷的第三个秘诀：让所有金钱都能为你效力，使你的钱犹如牧场里的羊群那般繁衍不息，如此一来，财富之溪便会源源不断地流进你的口袋。"

第四个秘诀：避免财富遭受损失

第四天，阿卡德对学员说："一个人如果不注意捂紧自己的钱包，钱袋里面的金钱便随时可能流失或遗漏。一般情况下，每个拥有金钱的人，都难免受到诸多机会的试探与引诱，似乎他可以经由这些看似可行的投资机会赚到更多意想不到的金钱。你周围的亲戚、朋友常常十分渴望做这类投资，并且敦促你也一起加入。

"然而，在你把钱借给任何人之前，最好先确认一下借钱者的偿还能力及信誉状况，以免你历尽艰辛储存起来的钱，转眼就变成了拱手奉送给他人的礼物。

"我的第一次投资，当时对我来说真是一场不小的悲剧。我百般克制自己才积累并守护了一年的积蓄，一股脑儿地拿给了一位名叫阿兹慕的制砖匠。他独自一人远渡重洋来到提尔城做生意，打算购买一些珍稀的腓尼基珠宝。等他回到国内，我们就能够将这些珠宝变卖，平分赚取的利润。不料那些腓尼基的生意人竟是一帮毫无诚信的、作恶多端的人，他们卖给阿兹慕的全是酷似珠宝却很不值钱的玻璃。于是我便血本无归了！现在，我所经受过的教训，大家不用想都能看透，投资一名制砖匠去从事珠宝生意必定是愚不可及的。

"所以，我再次告诫你们千万要吸取我失败的教训：不可过于自以为是地相信自己的判断，而把自己的财富稀里糊涂地投入陷阱。向在这方面经验老到的行家多多咨询，你不但能够免费得到忠告，还可能得到你期望的投资回报。其实，这些忠告真正的价值就在于它们可以保护你的储蓄免遭损失。

"这正是根治贫穷的第四个秘诀：紧紧守住你的财富，只做安全法则下的投资，使钱财不至于遭受任何损失。"

第五个秘诀：让你的固定资产赚钱

到了第五天，阿卡德又对学员说："当一个人拿出全部收入的 9/10 去生活与享受时，倘若他可以从这 9/10 中分出哪怕一个铜钱来进行投资，那么既不会过度降低当前的生活品质，财富增长速度也会显著提高。

"如果可以拥有一片土地，使孩子们能够在干净的地上玩耍，妻子能种花养草，甚至种植一些蔬菜供家人享用，这样家人才是真正享受了生活。因此，我建议所有人都应该设法购买自己的房子。我们伟大的国王一直将巴比伦的城墙向外扩延，因此城内目前有很多土地不是尚未使用吗？你们完全可以用合理、实惠的价格购买这些土地。

"同时，我很愿意告诉你们，经营金银贷款业务的钱庄，很期待你们去借钱购买自己的土地且兴建房子。倘若你可以就造房计划提出合理、可信的必要借贷数目，你就能借到这笔款，从而支付给建造你房子的制砖匠及建筑商。

"等到你的房子盖好时，你以往付给房东的房租，就变成了付钱给钱庄老板。因为你每一次都会付一些钱给钱庄老板，你的债务自然就渐渐减少，几年之后这项债务就会全部还清。

"到那时你无疑会十分高兴，原因是你已经拥有一份价值不菲的财产，你身上唯一的负担就只剩下缴给国王的税收了。

"如此，拥有自己住房的人就会获得更多祝福与恩赐。他们的生活成本会大为降低，使他们具有更多的余钱来享受人生的其他乐趣，以及满足他们若干适度且有益的欲望。

"所以，这便是消除贫穷的第五个秘诀：真正拥有一个属于自己的住房。"

第六个秘诀：为将来做好准备

第六天，阿卡德这样对他的学员说："任何人都要由小到老，每天都要过日子。这就是我们人生的必然道路，所有人都必须为自己将来年老体衰的日子提前预备足够的金钱，同时还要为万一自己死后不能再养家时，尽早预备出够用的钱给家人。今天这一堂课会教导各位怎样在赚钱较为困难时，一样可以做好上述准备。

"学会理财之道而累积财富的人，更懂得为将来着想。为一些投资计划或项目做出妥善的事先安排，以切实保障今后多年的经济供应安全无忧。一旦年老了，就可以起用这笔早做预备的钱财。

"可以购买房产或土地作为养老资产，选择有投资价值的房地产可以确保未来的价值与利益。此外，将小额资金定期存入钱庄也是一种选择，钱庄的利息会使资金增值。

"无论生意和投资如何兴隆，老年时的经济困境都是无法避免的。因此，我们应该利用当前的有利方法来实现养老目标，并尽早思考如何避免老年缺钱的问题。

"这就是消除贫穷的第六个秘诀：为你年老时的生活以及保护家人提前做好准备。"

第七个秘诀：提升你的赚钱能力

第七天，阿卡德对学员说："今天这堂课上我想要告诉诸位的，是一个根治贫困问题最直接有效的方法。不过我谈的并非关于金钱，而是关于在座各位自身的问题。我要告诉你们一些在工作上获得成功或者遭到失败的人，还有他们各自不同的所思所为。

"要想成功致富，首先一定要拥有极其强烈且明确的欲望。任何人如果仅是巴望着可以成为富翁，那这样的目标就显得太过虚弱与模糊了。要是他内心里真正具体地渴望获得 5 块黄金，我坚信他一定可以达成这个愿望。在他得到 5 块黄金，并且紧紧地坚守住这些金子之后，接下来他就可以找到相似的方法赚得 10 块黄金、20 块黄金，终至 1000 块黄金。看啊。正是如此，他已在不知不觉中变成了一名富翁。他在学会实现每一个小小的、明确的愿望的过程中，已逐步训练自己获得赚取更多财富的能力了，即积累财富的确切途径。

"当一个人懂得辛勤工作，设法持续提升自己的职业水平时，他赚钱的能力自然就会提高。我们具备的智慧与技能越多，能赚取的钱财就越多。在自己的工作技能上多多用心学习或钻研的人，他们得到的报偿也必定超过他人。

"任何行业的人都在持续改变与追求进步，因为有进取心且辛勤工作的人始终在寻求更高效、可行的技能。所以，我敦促诸位一定力求行走在进步的前列，切不可停滞不前，以免自己因落伍而被淘汰。

"所以，这就是消除贫穷的第七个秘诀：提高你自身的赚钱能力，通过不断的勤奋学习和付出，成为一名富有智慧，更加多才多艺，而且自尊、自重的人。"

开启搞钱计划：坚守并实践七个秘诀

①首先设法使你的钱包鼓胀起来，每月最多开销当月全部收入的 9/10。

②节制你自己的花销，紧紧守住正在鼓胀起来的钱包，为确

有必要的开支制定明智的预算。

③让你的金子不断繁衍增值，使所有金钱都能够为你效力，并繁衍生息，使财富之溪源源不绝流入你的口袋。

④严格守护你的财富，使之免受任何损失。向有智慧的内行人征询忠告，只进行安全及获利性的投资。

⑤真正拥有一套属于自己的住宅，不仅可以提升生活质量，还可以将其转变为一项有利可图的投资，实现资产的保值及增值。

⑥未雨绸缪，为你年老力衰时的生活以及家人提早做好准备，做出具体规划以确保未来收入稳定。

⑦持续培养和增强自身的赚钱能力，努力做一名富有智慧、多才多艺且自尊自重的人。

第九则　坚决执行五条珍贵的金钱指南

巴比伦兴起财富分享潮

在阿卡德的带动下，巴比伦已然形成一种讲述关于理财致富的课程及轶事的风尚。一天傍晚，一支骆驼商队在赶回巴比伦的路途中正有条不紊地安营扎寨，27 个人紧挨着围坐在一起，聆听着他们的主人卡拉巴布娓娓而谈他的财富心得。

卡拉巴布是一位巴比伦的富翁，他环视了一下周围的伙计，问道："如果有一个装满沉甸甸黄金的钱袋和一块上面刻着智慧话语的泥板，你们选择哪个？"

这 27 个人几乎不假思索地回答："当然是黄金！"

卡拉巴布当即露出会心的笑意，他用一只手指着帐篷外面说："听，夜幕中野狗的叫声，饥饿使它们狂吠，饱食后它们则四处闯祸或游荡。它们无暇顾及能否见到明日的太阳。人类亦如此，若在黄金与智慧之间做选择，人们往往鄙视智慧，取黄金而挥霍，待黄金耗尽则哀嚎。金钱只为懂得并遵循致富指南的人留存。"

卡拉巴布继续说道："你们在艰苦商旅中，尽心竭力地服侍我，照料我的骆驼，跟我一起穿越沙漠并驱散匪盗。因此，今晚我要给你们讲关于金钱的五条指南的轶事，相信你们从未听过。若你们理解并实践这些法则，未来必将拥有足够的金钱。"

两样最珍贵的东西

卡拉巴布道："今晚我要说的是有关最聪慧和最受人敬佩的大富翁阿卡德的故事。"

一位工头说："我们听到过很多关于他的事情，毕竟他是全巴比伦有史以来最有钱的富翁。"

卡拉巴布接着说，"他确实是巴比伦最富有的人，那是由于他深入地掌握并且运用了关于金钱的指南，绝对没有人比他更精于此道。今晚，我要给你们讲的故事，是阿卡德的儿子诺马希尔亲自告诉我的，当时我还只是一个少年。

"有一天，我的主人和我，在诺马希尔的豪宅内滞留到深夜。我协助主人带来了好多质量上乘的地毯，诺马希尔对此非常满意，建议我们跟他一同坐下来，饮一杯琼浆玉液，也顺便暖一暖胃，如此的款待并非经常有的。

"根据巴比伦的习俗，富家子弟一般是跟父母同住在一起，以便将来继承财产。阿卡德却不愿遵从这样的习俗。所以，当诺马希尔长到成年时，阿卡德就召唤诺马希尔来到他面前，很郑重地训诫他说：'我的儿啊，我极其渴盼你可以继承我的遗产。可是你必须首先向我证明，你确实有智慧及能力管理好这份庞大的遗产。所以，我希望你趁着年轻先一个人到外面的世界去闯一闯，以表明你赚取黄金并赢得众人敬重的能力究竟怎样。

"为了使你有一个良好的开端，我送给你两样东西。相比之下，我当年白手起家时，可没有什么可依靠的。

"首先，我给你的是一袋黄金。要是你可以对这些黄金妥善运用，这将是你未来成功的稳固基础。其次，我要给你的是一块泥板，上面刻有关于金钱的五条指南。如果你凭借行动理解并证明了这些指南，那么我坚信它们必定给你带来十分丰厚的资产和安全感。

"从今天开始算起，十年之后，你务必回到你父亲的家，全部清点你在外面赚得的资产。倘若你确实可以证明你有智慧和能力掌管我的财产，我就立你为继承人。否则，我就将遗产转交给祭司们，好让他们恳请诸神安慰我的在天之灵。'

"因此，诺马希尔便带着这一袋黄金，还有用丝绸一层层精心包裹好的泥板，骑着马向家人告别，独自一人闯天下去了。"

刻写在泥板上的智慧

十年很快就过去了，诺马希尔如约回家，依照他原先答应父亲的允诺，在众人面前清点他十年来在外头赚来的资产。

诺马希尔始终神情镇定，开始向父亲和众人娓娓述说："父亲，请允许我首先向您深深鞠一躬，以表达我对您卓越智慧的由衷敬意。十年之前当我刚刚成年时，您要我一个人远离家乡，到外面去独闯天下，争取成为一个'人上人'，而不是留在家里直接继承您的遗产。

"在我就要出行时，您无比慷慨地送给我一袋黄金与一块智慧泥板。说起那一袋黄金，我不得不坦承我处理得极其糟糕。实际上，这些黄金完全从我毫无经验的手中溜个精光。

"我一出门便决定去尼尼微闯荡，因为这是一个机遇无处不在的新兴大城市，我想在那里碰一碰运气。于是，我很快加入了一个沙漠旅行商队，而且在商队中结识了一些新朋友。其中，有两位看起来很会说话的朋友，后来我才明白这两个人是骗子，我因此损失了很大一笔黄金。

"我接下来的日子可以说极其悲惨。在那些苦不堪言的日子里，我常常惦念着父亲您对我的殷殷期望。您希望我成为一个出众的人，而我也决心要达成这个心愿。

"此时，我才想到了您给我的那块泥板，上面还清晰地刻有关于金钱的五条指南，随后我才突然领悟，假如我先仔细地读懂这些法则，也就不会损失全部的黄金了。"

诺马希尔再次正面朝向他父亲，说："父亲给我刻写的关于金钱的五条指南，这些指南的价值远非黄金所能比拟。"

关于金钱的五条指南

"后来，我费尽极大的气力才找到了一份工作，就是负责管理一帮为城墙建造外廓的奴隶。

"因为懂得了运用关于金钱的第一条指南，且抓住每个储蓄的机会不断存钱，直至储存的铜钱累积成一块银钱。

"终于有一天，已经同我结交为朋友的奴隶总管对我说：'你若信我，我教你如何利用黄金获利。城墙即将建成，需要高大的铜门来防敌。尼尼微金属不足，国王尚无解决的办法。我计划筹集黄金，派商队购买铜锌，搞垄断供应。城门建造时，国王必高价购金属。即使国王拒购，我们仍可卖出好价。'

"我反复思虑，觉得他所讲的简直是遵循第三条黄金指南的好机会，即依靠富有智慧之人的指导来进行投资。结果非常令人满意，我们的合作正如预想的那样成功，我那一小笔黄金，经过辗转交易增值了好几倍。

"而且，我随后也理所当然地成了这一小群人做其他事业的合伙人。

一年，我的财富也像预期的那样快速累积起来。最后，我不但赚回了我先前损失的那些黄金，还多赚了许多。经历了不幸、试验与成功之后，我再次证明和坚信，父亲传授给我的关于黄金的五条指南的正确性是不容置疑的，可以经得起一切情形的考验。

"说到这里时，诺马希尔回头招呼屋后正站立着的奴隶把三只重重的皮囊带了进来。

"'父亲，我以此向您证实，我看重您的智慧远胜过您的黄金。若缺乏智慧，则拥有黄金的人必定很快就会黄金散尽；可是拥有理财智慧的人，哪怕没有黄金，最终也会稳固地持有足够多的黄金。这三袋黄金就是我提供的证明。

"有幸站在这里当面向您诉说，您的理财智慧终使我成长为一个富有并且受人敬重的人，这实在令我感到无限的满足。'

"为了今晚在这里就座的各位着想，我要在大家面前郑重地宣读我父亲十年前刻在泥板上传授给我的智慧。"

关于金钱的第一条指南

凡将所有收入的 1/10 或更多的金钱积蓄起来，留着为自己以及家庭未来之用的人，财富必定乐意进入他们的家门，并且快速而稳定地增加。

"无论是谁，只要认真履行将所有收入的 1/10 储蓄起来，并且明智地进行投资，必定可以创造出非常可观的财富，从而确保自己年老时依然有源源不断的进账，并进一步稳固地确保自己辞世后家人的生活安全无忧。这一条法则保证财富会更乐意流进这种人的家门，我自己的一生就已充分表明了这一点。我储存的钱财越多，赚得的利息越多，这些钱子、钱孙也跟着赚进来越多。这就是第一条指南的根本魅力所在。"

关于金钱的第二条指南

凡找到了让金钱为自己赢利的方法，并使金钱像牧场羊群那样不断地繁衍增值的英明主人，金钱会时时殷勤不懈且心甘情愿地为他们努力地工作。

"金钱的确是一个心甘情愿为你工作的'奴隶'，它自身极渴望在机会到来之时替你多赚几倍的金钱回来。对所有存储金钱的人来说，良好的投资机会便能带来最有利可图的回报。随着时光的不断延续，这些金钱会以令人震惊的方式神奇地增值。"

关于金钱的第三条指南

凡懂得谨慎地保护金钱，且遵从智慧之人的忠告而运用和投资金钱的人，金钱必会始终牢牢地攥在他们的手里。

"金钱总会紧紧跟随着审慎操持且用心守卫它们的主人，并迅速从那些对之漫不经心的主人那里逃开。虚心向有理财智慧及经验丰富者征寻忠告的人，不但不会使自己的财富陷入危险境地，还能确保财富的长期安全与持续增值，并且能充分享受财富不断增加带来的满足感。"

关于金钱的第四条指南

凡在自己不精熟的行业或用途上贸然投资，或是在资深的投资老手不赞同的行业或用途上投资的人，金钱最终必将从他们身边悄然溜走。

"在拥有金钱却不善于投资、运用的人眼里，很多方法看起来似乎都是可以盈利的。事实上，这中间潜藏着让金钱遭遇损失的极大风险。要是请求智者和行家分析，他们必定会判别出某些投资只有极小的获利性，某些投资会被套牢，还有一些投资可使自己血本无归。所以，对于缺乏理财经验的金钱主人来说，如果过于盲目地信赖自己的判断力，将钱财投资在自己不精熟的行业或用途上，就常常会发现自己的判断极其愚蠢，以致失去自己的财富。遵循投资高手或智慧之人的忠告而谨慎投资的人，才算得上真正明智的人。"

关于金钱的第五条指南

凡把金钱强行运用在无法实现的收益上，以及听信骗子和阴谋家看似诱人的建议，或毫无根据地盲目投资而使用金钱的人，财富将一去不返。

"第一次拥有财富的人，常常会遇到犹如冒险故事那样迷人而又刺激的投资建议，似乎能够十分轻松地赚进超出常理的利润回报。然而，千万要当心，有智慧的人心里都很清楚，所有能让人一夜之间就暴富的投资项目，背后极可能隐藏着巨大的危险。不轻率投机，以免使资产遭受各种损失；不把钱财投资在毫无获利性的项目中，否则会被轻易套牢。自然，更不会把钱财投注到看起来可以得到超常回报的诱惑与骗局之中，从而血本无归！"

开启搞钱计划：严格实施五条指南

①凡是将一切收入所得的 1/10 或更多的金钱储蓄起来，留着为自己以及家庭将来之用的人，财富会很乐意走进他的家门，并且快速而稳定地增长。

②凡找到了使金钱为自己赢利的方法，并让金钱像牧场羊群那样持续繁衍增值的英明主人，金钱会时时殷勤不懈且心甘情愿

地为他努力工作。

③凡谨慎而明智地保护金钱，且遵行智慧之人的忠告来运用和投资的人，财富就始终会牢牢地攥在他的手里。

④凡在自己不精熟的行业或用途上贸然投资，或是在资深的投资老手不赞同的行业或用途上轻率投资的人，财富终将从他身边悄然离去。

⑤凡把金钱强行运用在无法实现的收益上，以及听信骗子及阴谋家看似诱人的建议，或盲目信从自己毫无经验和天真的投资概念而使用金钱的人，金钱将一去不回。

第十则　吸引幸运女神来敲门

巴比伦的讲学殿

无论是谁，当说出或听到"运气真好！"这句话时，至少都会有上百种的感觉与反应。然而不管怎样，天底下绝没有人不期待自己是一名幸运儿的。

几千年前巴比伦人心中的这种渴望，同当今的现代人可以说完全一样，或许我们所有人每天都在巴望着得到幸运女神的特别眷顾。可是，是否真的有什么途径能够让我们跟她相遇，并且使她极其慷慨地赐予我们财富呢？

换另一种说法，我们可否拥有和使用某种有效的方法而让好运主动找上我们呢？

这就是古巴比伦人希望确切了解的事情，也是他们下决心要为此寻求到答案的问题。要懂得，这些巴比伦人都是聪睿而又精明的人，他们期盼对这个问题的思辨与解答，可以使他们的致富之道更为有效、可靠并且持久。

在那样遥远的年代，他们没有什么正式的学校或大学，可是他们却建立了明确的学习中心，那是一个无比务实的教学场所。在巴比伦内不少高耸入云的建筑中，除了国王的宫殿、空中花园，还有诸神的圣殿之外，你还会发现在各种史书上极少有记载的一处建筑。正是在这处建筑中发生的事情，对那一时代的思潮、知识和智慧发生着深刻的影响。

这处建筑即整个巴比伦尽人皆知的讲学殿。殿里常常有许多不求回报的义务讲师，他们娓娓阐述前人的智慧以及自己的心得，而且所有能引起大众感兴趣的话题，也尽可以在讲学殿里进行公开研讨与辩论。任何走进讲学殿的人，其身份地位一概平等，即使最卑微的奴仆也能够同王公贵族们展开自由的讨论争辩，而不会受到丝毫的责罚。

众所周知，巴比伦最有钱的富翁阿卡德就是这里的常客之一，在时常造访讲学殿的人当中他名气最大，甚至设有自己专门的独立讲堂。每天晚上来自各行业的听众络绎不绝，其中大部分是中年人，他们会集在这个讲堂里，要么聆听阿卡德的理财课，要么辩论许多有趣的财富话题。

赌场上无法遇见幸运女神

这一天，夕阳西下，漫天彩霞，太阳好像一个彤红的火球在渺茫而神秘的沙漠之中闪烁着，阿卡德跟平常一样走上教学台阶。此时讲堂里已坐了80多人，他们正倚坐在毯子上静静等候阿卡德的到来，而门口仍不断有人鱼贯而入。

阿卡德环视四周的听众后，询问说："今天晚上大家想要讨论什么样的话题呢？"

众人在底下轻声地议论着。一名身材魁梧的纺织匠首先从座位上站起来，说道："我有一个话题，很想今晚可以在这里听到众人的辩论。可是我感到有些犹豫，不敢提出来，害怕阿卡德和各位朋友会见笑。"

阿卡德同众人都鼓励他不必担心。于是，他接着说："今天我非常幸运，因为我刚捡到了一袋装有许多黄金的钱囊。这应该算是一种好运，我渴盼如此的幸运可以继续下去。我想一定也有很多人和我一样，期盼着幸运可以时常相伴相随。所以我建议，我们能否讨论一下怎样找到一些有效的方法来吸引好运，以便可以时常得到幸运之神的眷顾。"

阿卡德评论道："这确实是一个相当不错而且有趣的话题，值得大家深入讨论。有的人相信，幸运就是随机发生的事情，就像无法控制的意外一样，可能会不知缘由地发生在某个人身上。另一些人则相信，任何好运都是我们慷慨的幸运女神偏爱所致，她巴不得恩赐礼物给每一个特意取悦她的人。我的好朋友们，请表达你们各自的见解吧。各位是否想讨论一下，可不可以找到一些方法或途径，去吸引幸运之神随时拜访我们每一个人呢？"

"好！太好了！"几乎每个人都对这一话题满怀兴趣。

因此，阿卡德继续说："在展开讨论之前，我想先了解一下在你们当中，谁还有过类似纺织匠这样不劳而获的幸运经历。请不妨站起来，具体谈一谈这种没有经过什么劳动或努力，就轻易发现或得到了可贵财富的特殊经验。"

众人一个个面面相觑，整个会场鸦雀无声。大家都期待着有人会站起来回答，然而始终没有一个人站起来。

阿卡德说："这样看来，这类的幸运真是太稀罕了。此刻，谁可以建议我们该如何继续进行探讨呢？"

一名年轻人站起来，说："幸运一词，常与赌桌相连。诸多赌徒，心存侥幸，盼望幸运降临，渴望一夜暴富。"

当这位年轻人说完正准备坐下时，有许多人要求道："请不要停！你曾在赌桌上得到过幸运女神的眷顾吗？"

年轻人笑了笑，说："这难道还用说吗？幸运女神就连我去了赌场也从来都不知晓。不过你们其他人又是怎样的呢？难道你们发现她经常早已等在那儿，从而帮你摇出赢钱的那一面骰子吗？我们都渴盼听到这类的例子，以便可以好好地学习和取经。"

阿卡德引导说："对我来说，幸运女神是一个充满爱意与尊贵品质的女神，她非常乐意救助每一个陷于困顿之中的有心人，也必定慷慨、适度地赐福给每一个值得救助的人。一个人凭借勤奋付出以及诚心交易，大有赚钱的机会。然而，当一个人赌博时，获利的机会常常微乎其微。赌场好像更多地倾向于庄家的意愿，赌客怎能奢望可以违背这样的规律而幸运地赢得金子呢？"

这时一个听众高声说："确实还是有人赢了一大笔钱啊！"

"的确，有时候，个别赌客会赢钱。"阿卡德接着说，"通过赌博赢得财富能否带给有赌运的人持久、可靠的财富？今晚这里聚集的人比我知道的巴比伦富翁还要多。我想知道，是否有巴比伦人因在赌桌上赢得大量财富而成功？如有认识这样的人，请告诉我。"

许久，一个人幽默地问："您这个问题是否将赌场的庄家算在内呢？"

阿卡德笑了笑，回答："如果你们不知道有人靠赌博成功，为何不自述经历？莫非有人通过赌博致富，却不愿分享经验？"

听阿卡德这么诘问之后，全体听众哄堂大笑。

拖延则与幸运无缘

"可见，大家还没有懂得要到幸运女神常常造访的那些领域去寻求好运。"阿卡德继续说道："请诸位好好想一想各自的工作或者行业吧。倘若我们说，我们从工作中赚得的金钱，乃是我们辛勤努力而得到的合理报酬，这应当是非常自然的结论吧？可是我认为，大多数的时候我们可能还是低估了幸运女神带给我们的种种恩赐，因为极有可能她确实帮助了我们，然而我们却不懂得去领她的情。好了，还有哪一位要继续发言吗？"

很快，一位年长的商人站起来，说："如果事情的确像阿卡德所说，我们在各自的行业里小有成就，是由于付出了应有的努力。请谈谈那些我们几乎抓住，却又失之交臂的机会吧。如果抓住了，那就是罕见的好运。我相信，在座的许多人都有过这样的经历和感受。"

阿卡德当即赞同道："这是个非常好的话题。"

商人说："我很乐意讲我自身的故事，看看一个人是如何无限地接近好运，却又茫然无知地让它溜去，以致丧失宝贵的机会，抱憾不已。

"多年前，我还是个青年男子，刚结婚，正全力赚钱。一天，我父亲忠告我进行投资。因为一位世伯的儿子发现一块靠近巴比伦城墙外的高地，打算买下并建三座水车，然后卖给耕种旱田的农夫。他缺少资金，便找了十二个有固定工作的人投资，每人出少量启动资金和每月 1/10 的薪水，直到项目完工。届时，利润平分。

"我说：'父亲，我也十分希望变得富有。然而，我当下的开支还很多，所以对您的忠告感到心有余而力不足。反正我现在还年轻，将来有的是时间。'

"父亲说：'当我在你这个年纪的时候，也是这么想的。可是，你看看我，这么多年过去了，我一直都没有踏上致富之路啊。'

"尽管我父亲多次劝告，但我仍犹豫不决。因为我刚预订了来自东方的漂亮新袍，我和妻子认为每人都应该有几件。如果我投资，我们就得舍弃这些衣服和其他乐趣。我犹豫不决，最后错过了机会。我深感懊悔，因为后来那项投资计划非常成功，利润丰厚。这是我的故事，唾手可得的幸运机会就是这样悄悄溜走的。"

"一位壮汉评论道："积累财富需要有个开始。最初，往往只能从微薄储蓄或薪水中取出一点来进行投资。我在十几岁时开始饲养畜群，用亲友给的一个银钱买下一只小牛犊，这就是积累财富的开端。一旦跨出积累财富的第一步，就等于遇到了幸运女神，可以从只靠劳力赚钱糊口，转变成一部分依靠储蓄金的红利来生活。

"有些人年轻时便跨出了这宝贵的第一步，因此他们在财富上的成功通常会超过那些起步较晚或从未真正起步的人。如果经商的朋友早点行动，可能会更富有。纺织匠若能把握机会，也将为他的财富积累带来良好的开端。"

此时，一名外国的陌生人说："我也想表达意见。我出生于叙利亚，要想说一个人错过了对他有好处的事情，巴比伦语该怎么说？"

其中一个人立即回答道："贻误良机。"

"对！正是这个词。"这位叙利亚人满怀兴奋地叫道："降临到他身上的幸运机会，他却没有及时把握住。他也许说我现在还有其他很多事情需要做，就是如此盲目的拖延，以致错过难得的良机。我要郑重地告诉你们，幸运的机会是绝不主动等待这种人的。幸运女神坚信，若是一个人确实渴盼获得幸运的话，那么只要一有机会他就立即行动。那些碰到机会而不立刻行动的人，正如我们这位经商的朋友那样，只能充当贻误良机的高手。"

众人不禁发出一阵哄堂大笑。这位商人立即站起来，表示友善地鞠了个躬，说道："我谨向这位陌生的朋友致以深深的敬意，您的话对我确实是一针见血。"

付诸行动的人最幸运

叙利亚人说："请允许我请教商人先生一个问题。你衣着华丽，举止优雅，显然是成功商人。当拖延的声音在耳边响起时，你会听从吗？"

商人回答："我必须承认，我一直在努力克服拖延的恶习。这是一个令人畏惧的敌人，时刻准备着阻挠我的进步。我刚讲的故事只是其中的一个例子，拖延总是无情地剥夺我的机会。然而，只要意识到拖延的存在，战胜它就不困难。当我意识到拖延就像敌人一样狡猾时，我决心立即战胜它。

没有人愿意让窃贼偷走自己的粮食，同样，也没有人愿意让敌人夺走自己的客户和利润。因此，在期待获取财富之前，我们首先需要克服拖延的毛病。"

"阿卡德，你看法如何？"商人接着说，"任何人除非首先克服自身拖延的恶习，否则无论如何都不会取得真正的成功。"

"你的话说得十分中肯。"阿卡德完全认同道，"我亲眼见证了不同年代的优秀人才在各个领域取得的卓越成功。他们敏锐地抓住机遇，全力以赴地追求内心最强烈的愿望。然而，大多数人在机会面前犹豫不决，最终错失良机，一事无成。"

最后，阿卡德又转向纺织匠，说："你提议让我们探讨有关幸运的话题。现在让大家听听你对这个题目的看法吧！"

纺织匠说："通过讨论，我对幸运有了更深刻的认识。我曾以为幸运是不劳而获的，但现在我明白这是不现实的。我了解到，要想吸引幸运女神来敲门，必须善于抓住机会。因此，我将努力在机会来临时，切实把握住。"

阿卡德回答说："我想你已经领会了我们在今天的讨论中提到的一些真理。我们确实发觉，幸运始终是伴随机会而来的。除此以外，幸运几乎不会以别的什么方式出现。我们这位商人朋友假如当初勇敢且果断地接受了幸运女神提供给他的良机，他或许已经分享到了绝佳的好运。

"各位朋友，今晚的讨论，我们很好地探索了吸引幸运女神青睐的方法。我想我们已经获得一些非常有益的启示和途径。以上故事表明幸运是怎样随机会而来的，不管故事的主人翁是否能享受到这种好运，然而这些故事都揭示着一个永恒的真理，那就是我们完全能够通过接受机会而获得幸运女神的特别青睐。

"坚决克服拖延、全心渴望抓住机会赢得财富的人，必然会吸引幸运女神的热情眷顾。"

开启搞钱计划：把握机会，不拖延

①几乎每个人都可能低估了幸运女神的帮助与眷顾，因为我们往往对降临身边的大好机会视而不见并且与之失之交臂。要懂得，好运通常是伴随各种机会而到来的。

②阻碍成功的最大敌人是自己。因为人们普遍存在拖延的恶习，机会对拖延者来说是短暂的。要想抓住致富的机会，必须先战胜拖延这个敌人。

③我们能够通过接受、把握和利用各种机会来吸引好运光顾，唯有迅速果断地采取行动，才能牢牢地抓住良机，从而获得幸运女神的垂爱。